オーストラリア人の恋愛術

R.トレボーラング 著

柏瀬省五 訳

大学教育出版

0
訳者前口上

　本書は、オーストラリア、シドニーに住む、マルチタレント作家、ロバート・トレボーラング（Robert Treborlang）氏の1993年のベストセラー、*How to Mate in Australia* を日本語に訳したものです。

　トレボーラング氏は、1985年以来、*How to Survive Australia*『オーストラリア人の生き抜き方』、*How to be Normal in Australia*『オーストラリア人の常識』、*How to Make it Big in Australia*『オーストラリア式大成功法』、*Staying Sane in Australia*『オーストラリア人の覚醒』などを次々と世に送りました。それぞれの本は、オーストラリアでは、発売と同時にベストセラーとなり、たいへんな評判となりました。それは、これらの本が、日常生活の中にあるオーストラリア人としての密かな決意や願望や思いを、トレボーラング氏が見事に説明し、言い当ててきたからです。そして、新しい国、まだ、固定的な国民性を持ち合わせてないオ

i

ーストラリアに、自分たちの新しい国民性を発見し、確認する感動を与えてきたからです。これらの本によって、「オーストラリア人とは、こういう国民性を持っていたんだ」ということが、だんだんとはっきりしてきました。

ここに訳出した *How to Mate in Australia*『オーストラリア人の恋愛術』は、成熟した大人の男と女の関係、例えば、異性を恋する気持ち、異性に近づく方法、異性を支配する作戦、異性と交合する手順、異性とエクスタシーを得る工夫、異性と戦う戦略、異性と別れる口実、等など、男と女の内面の気持ち、思いを、上から下から、表から裏から、横から斜めから、面白おかしく、ある時は大まじめに、ある時はふざけて、ユーモアたっぷりに分析、解説してくれます。

この訳書は、日本人の大人の男と女を読者に想定しました。したがって、日本語の表現も大人の男と女の間柄だけで通ずるような言葉をしばしば使いました。また、ドギツサを避けるために「あれ」とか「そこ」とか「もっとして」とか、「いい」とか「ダメ」とかも、健全な大人の読者なら、容易に想像的に推測がつくものとして、かなりの部分をわざわざ曖昧さを残して訳出しました。読者が想像的に読んでいただきた

いと思います。

　健康な日本の大人の読者が、この本を日本語で気楽に楽しみ、しかも、エスプリの利いた、頭の体操もしながら、居ながらにして、実際にはなかなか見聞できない、オーストラリア人の大人の男と女の関係を、推測・理解していただければ幸いです。

2000年2月

訳者　柏瀬　省五

目　次

0　訳者前口上………………………………………ⅰ
1　前口上……………………………………………1
2　女が男を選ぶ……………………………………5
3　オーストラリアで理想的男性とは……………11
4　口説きのテクニック……………………………15
5　オーストラリアで「最高の女」………………21
6　オーストラリア人の燃え方……………………26
7　3つの風習………………………………………29
8　オーストラリア人の「ベッドビヘイビア」…31
9　奥の院（陰）に至る関所………………………36
10　オーストラリア人に関する誤解6つ…………46
11　見え透いた褒め言葉……………………………48
12　痛めつけるほど燃えるもの……………………52
13　オーストラリア人の男と付き合う法…………55
14　突飛な習慣………………………………………59
15　異性との話し方…………………………………61
16　穴・穴・穴・落とし穴…………………………70
17　恋人をリラックスさせる法……………………74

ⅴ

18	オーストラリア人男性は元気印	78
19	他人行儀のオーストラリア人	86
20	夫婦喧嘩に勝つ法	91
21	ド根性	103
22	Ｓ＆Ｍの勧め	105
23	３つのタブー	112
24	連帯感について	119
25	「こうしろ」「ああしてはダメ」と言うこと	121
26	ボスになる条件	124
27	カッコイイ奴とは	127
28	オーストラリア人のクライマックス分析	133

オーストラリア人の恋愛術

1
前口上

　私が、まだ、オーストラリアへ来たばかりの頃、恋愛の仕方は、オーストラリアだってどこだってみな同じだと思い込んでいた。ところがだ、いざとなったら、デートの申し込み方から、前戯から、事後の抱擁に至るまで、まるで違うのだ。今までの技はさっぱり通用しない。オーストラリア風のやり方を身につけるまで、何度失敗を繰り返したことか。オーストラリアには、オーストラリア独特の、お相手を満足させる秘術があるらしい。だが、誰に聞いても絶対に教えてくれない。いくら聞いても返ってくる返事は
　「自分の好きなようにしているだけ」
　「人それぞれ」
　「自然に振る舞えば」
である。
　よその国で通用する愛のテクニックが、なぜオーストラリアでは通用しないのだろう。周りの人に尋ねてみた。答えは一言、「知っているくせに」

1　前口上

　オーストラリア人はよそ者には自分たちの秘術を決して教えない。秘密結社の掟のようにやっきになって隠すのだ。いくら付き合いの長い友達にも、恋の手練手管は漏らさない。彼らの愛の営みに関する掟はまったく解読が不能だ。

　やがてある時こんなことがあった。オーストラリア人の恋人に、昔の手口で言い寄った。するとこれはどうしたことか。「何をするのよ、解剖学者でもあるまいに」と、私はドンと突き飛ばされた。私はびっくり驚いた。そこではっきり思い知った。オーストラリアでは、諸外国とは、恋の手練手管がまったく違う。

　マジェランのまごつき様を味わった。秘密の道を通り抜け、夢に見た太平洋に来てみたものの、聞くと見るとは大違い。どうしていいかわからない。

　よその国では、お医者さんごっこが恋人同士。前戯は診察だ。腕の脈診て、胸をまさぐる。肋骨6本異常なし。あっちもこっちも湿り気上々。耳異常なし。唇OK。指から腰まで反り具合のテストもする。名人になると懇切丁寧もうひとつ先まで診てくれる。新しい感覚神経中枢を捜し出してくれるし、当の本人がそんな動きができるとは知らなかったわの筋肉まで捜し出してくれるのだ。

オーストラリアではこんな秘術は何の役にもたちやしない。
　オーストラリア人の前戯ときたら、お医者さんまがいのところは微塵もない。軍事戦略さながらだ。オーストラリアの恋人たちは、自らをお医者さんよりは、血に飢えた戦略家たらんことを自認する。解剖学の分析はしない。好んで使うのはゲリラ戦法だ。触診、聴診はしない。大切なのはスタミナと忍耐だ。パッと現れては、サッと引く。そしてまた次の機会をうかがう。素早くて乱暴だ。グレノワンの郵便局を襲ったネッドケリーのようにパッと現れ、ゴッソリ持ち去る。

　苦心惨憺試した末に、遂に見つけた秘術の数々。これは見物だ驚いた。オーストラリア人の恋の戦略、裏の裏。本日堂々一挙公開。

2
女が男を選ぶ

　飲み屋とか、クラブとか、知り合いのパーティで、友達数人と飲んでいたとしよう。男のあなたは数人で輪を作っておしゃべりをしながら立っている。部屋の隅、飲み物の近くに、女の子が数人で集まって、おしゃべりをしている。その中にちょっといい女がいたとしよう。

　さて、その女の気を引くためにどうするか？　南アフリカなら、腰を振って、狂ったように派手な踊りで女の気を引く戦法だ。目玉をぎょろぎょろさせて求愛する。ヨーロッパなら、女の方につかつかと歩み寄り、しばし彼女をじっと見つめ、そして、率直に告げる：Je t'aime（ti quiero、ich liebe dich、ya lyublyu tebya、ti amo、szeretlek、sagapo）〈好きだ、愛してる〉などと。いずれにしても、最初は、彼女は笑って相手にしないが、あなたが粘り強く愛を訴えれば、その悩ましさにやがては心を動かされ、ついにはその気になるというもの。

オーストラリアでも視線は極めて大切だ。だが、大切なのは、じっと見つめたりはしないこと。オーストラリアでは、あなたがやらねばならないことは、女にあなたが好きだということをわからせさえすればよいのだ。一番良い方法は、お目当ての子には決して近づかない。せいぜいその子の周りを行ったり来たりするだけ。お目当ての子には知らん振り。そうしておいて、わざとそのグループの中の一番のブス女に話しかける。

　オーストラリアでは、お近づきになりたいお目当ての女には、男の方からは何時間たっても近づかない。見向きもしない。とうとう最後まで一晩中、彼女の側には、たったの一度も寄りつかない。そうされた女の方が、こういう男こそ、あの人は、本当は私のことを思っているんだわ、脈があるんだわと確信する。

　そうしておいて男は、特別な魅力も感じない女に、勝手気ままに振る舞えばよい。彼女の気を引くのも勝手。邪険に扱うのも勝手。仲良くしようとからかおうと、彼女に興味がないかぎり、気楽、極楽、とんだ楽。ひどいアイルランド訛りの駄洒落も結構。ああだ、こうだと彼女に人生相談をしてみるのも一法だ。

　さて、いい加減な頃合いに、次のように言うことだ。「え

2 女が男を選ぶ

〜と、ところで、お友達は？」すると、彼女は辺りを見回して、数人の友達を紹介してくれる。そこで、1杯また1杯。次から次へと乾杯しよう。ここで忘れてはならないことは、いい頃合いに引き揚げること。オーストラリアでは、チヤホヤ、ベタベタする奴程艶消しなものはないのだ。ぶっきらぼうで憮然とした男が最高と考えられている。

さて、ようやくぞくぞくするような正念場が来る。男は女にやおら近づいて、いざ尋常に勝負しろ。ただし、穏やかにそ知らぬ顔で近づくこと。あまり男が勇み足、ガサガサ、ドタドタ近づけば、彼女はさっと飛んで逃げ去る。彼女は今は思案時、乗るか反るかの瀬戸際だ。じっくり時間が欲しい時。ここで彼女に十分な時間をたっぷりあげることが、男の情けというものだ。

ここ一番せっかくの彼女の出端を挫くような不躾な質問だけはするものではない。こんな時の時間稼ぎの社交辞令を紹介しよう。さしたる魅力もない彼女の友達を持ち上げておくこと。なかなか思い遣りがある女だとか、いいセンスしている女だとか、話してみるとおもしろい女などと言っておく。

もちろん、こっちでは、油断は大敵、目配り、気配り、状況分析は怠るべからず。輪の中の他の女の子の様子も探っておく。

お目当ての子が、にこにこにっこり微笑んでいるからといって、こうなればこっちのものと思うのはちと早い。ここで相手にしっかりとわからせておかなければならない手続きがある。相手に「もうきっと誰かと約束済だ」と思わせてはならない。彼女があなたを好いているかどうかは、やがて彼女の言葉でわかるものだ。「あなたの奥さんは何しているの？」
　こんなふうに聞いてきたら、"ＯＫ"だ。彼女はあなたに気があるのだ。
　女も男と同じこと、恋の駆け引きは承知の助だ。どの男にするか決めるには、決まった手続きを必ず踏む。女がこの男に決めたわよと公表するまでには、たっぷり時間をかけて準備をする。女がこの手続きを省略しだしたら怪しいものだ。「何するの」などとグサリと言うようならもうダメだ。こういう時は、彼女は、あなたじゃなくて、別な男にホの字だろう。
　最後の決断は女が下す。女が最後の決断を告げる時の常套手段は、「あたし、そろそろ家に帰らなくっちゃ」と言う。「今夜は早く寝なくちゃ」と言う場合もある。「明日が早いのよ」と言う場合もある。
　ここで男は、「わかった」と言うこと。すぐに帰らなくっちゃという女の心をわかってあげることだ。「ええ？　まだ、

宵の口じゃないか」とか、「もう1杯飲もうよ」とか、「もうちょっと付き合わない」なんて未練がましいことは、オーストラリア人の男なら、間違っても言わない。こんなことを言う男は、「わかってない」のだ。いや、そんなことではすまない。彼女たちの方からおさらばだ。乗車拒否とあいなる。そんなことは間違ってもしないこと。それより彼女の帰り際、あなたは重い口を不細工に歪め、しどろもどろに肩をすぼめて、「ウー、エー、ウーム」と言えばよい。

　もし、あなたが彼女のお眼鏡にかなっていれば、彼女は、慣例にしたがって、6桁ないしは7桁の数字をあなたに手渡して出ていく。そこの番号に電話をすれば、きっと彼女につながるはずだ。これさえ手に入れれば、後は馬上の騎士よろしく、「では、さらばじゃ」と答えて見送ればよい。

　女の方が男を選ぶのが、オーストラリア流の恋の鞘当ての基本ルールである。

Your place or my place?

3
オーストラリアで理想的男性とは

　オーストラリアで理想的な男性とはどんな男か。理想的な男性像が、勇敢な男か、イカス男か、イカツイ男か、それとも色目を使う優しい男かは、国によってまちまちだ。チャンブリ人なら、背中に巨大な痛々しい傷跡をつけている男だ。クワキウートルなら、持ち物、財産は全部火事で焼かれてしまっても、涼しい顔をしている男だ。(ニューメキシコの)プエブロのインデアンなら、大きなマスクを着けて、神に捧げる踊りを、狂ったように激しく踊るダンスの名手だ。ペンテコスト島ではゴルの神に捧げる、20メートルもある高い台の上から、細紐１本に命を託して飛び降りる気違いジャンプで蛮勇をふるう男だ。それぞれの土地によって、男の中の男としてみんなからもてはやされる条件は違っている。

　オーストラリアでもそれは同じことだ。見る人ごとに、どんな男がいいかは違うものである。女から見て「素敵！」という男と、男から見て「ほれぼれする男だ！」という男と、ゲイの連中が「あ〜ら、シビレル！」という男では、それぞ

れに異なるものである。女から見て「素敵！」な男は、ペニスのことなんか微塵も頭にない男だ。ペニスは偶然についているだけで結構。仕事ではヘマばかり、仕事嫌いの男だ。仕事が暇だとか言っては、気持ちの通じ合う女と一緒にいるのが好きな男だ。女のために時間を使うのが好きな男だ。もっとも、女の方は、必要な時にだけ付き合える男がいいと思っているが。

　ところで、オーストラリアでは、「男の幸せは女次第だ」などと言って、人生を女に賭けるような男はいない。が、女がいないとダメだ。だからといって、男がいないと何もできない弱々しい女は好きではない。せいぜい、買い物やら、料理やら、料金の支払いやら、セックスのお相手やら、女が自分一人では厄介でできない仕事だけを男と一緒にやりたいと頼ってくる女が好きだ。

　この種の男は、女と共通の利益がある時にだけ関係を持ちたがる。趣味が同じだとか、職場が同じだとか、子供を共有するとか、パーティで一緒になったとか、車を一緒に使うとか、週末は一緒に過ごすとか、そして彼女のバギナも一緒に使うことにしたいというわけだ。彼女が欲しがる時にはいつでも、彼女の手をわずらわさずに、自力でちゃんと勃起できる男だ。

2 オーストラリアで理想的男性とは

● **男から見て「ほれぼれする」男**

　普段は女のことなど頭にない男だ。女は、男の手練手管ではなくて、染み出る魅力で集まってくると考えている男だ。着る物は、女からのプレゼントで心配はない。このような男が気を使うことといえば、フォーマルな堅苦しい男らしさを無視することだ。敢えてわざわざTシャツを着る。ショートパンツを履く。陳腐な世間並みのことは、何でもかんでも馬鹿にしてみせる男だ。

　こういう男が好んで相手にする女は、モデル、テレビホステス、かわいい生娘、あるいは女優だ。彼のためならいつでも仕事をやめる女だ。それとも、ちょいと間抜けた女医あたりがお似合い。

　男は、何と言っても奇抜なのがいい。他の奴らとは同じじゃ嫌だと我を張る男。真昼間の11時でも、外が茹だる程暑い時には、冷やしたビールをグッと一杯引っ掛ける。20年もかかる月賦にも怯えはしない。何しろ世間並みじゃ何でもかんでも嫌いでバカにする男だ。でっかいエンジンのついた小さいツードアのスポーツカーを乗り回す。もちろん、女がどうしてもとせがむ時にだけ、自分でちゃんと勃起させることができる男だ。

13

●ゲイから見て「シビレル！」男

　ゲイから見て「あ〜ら、シビレル！」という男は、何事についても深刻に考えることはしない男だ。基本的には単純な男だが、女よりは男が好きな男だ。理由は女より男の方が男の扱いが上手だからだ。彼にとって確かに女は大切なものではあるが、女は相手にしない。

　彼が身に着けるものは、鼻と耳と知性を除けば、何でもかんでも大きい。男が何を望んでいるか、どうしたら喜ぶかをちゃんと知っている。「完璧なるルネッサンス男」（万能男）とはこういう男だ。ユニホームを着てやる仕事：トラックの運転手、郵便配達員、ガソリンスタンドのサービスマン、スポーツセンターのコーチなど、何でもこなす。彼の得意技は各種の愛撫だ。そっとナデルの、柔らかくサスルの、軽くタタクの、こそっとクスグルの、グルッと回して何でも上手だ。この男、脱戯、前戯、後戯、再戯にかけては四十八手の奥義を何でも知っていて、誰でもうっとりとさせてくれる。この男、いつ何時でも勃起していて、本当に本当にアレが大好きなのだ。

4
口説きのテクニック

　オーストラリア人を表面的にしか知らない人は、オーストラリア人は口説きのテクニックはまったく使わないと思い込んでいる。これは間違いだ。オーストラリア人の口説きのテクニックは実に巧妙なので気づかないのだ。あれやこれや些細な技を巧妙に積み上げ、深い森の中でダイヤを捜すような涙ぐましい努力をしているのに。

　男女が食事をする。2人とも明日が早いからといって2人とも家路につく。男が女を車から降ろす。女がすんなり車から降りれば、これでデートはあらかたおしまいだ。

　そこでだ。男は車のドアをあっさりとは開けない。ドアの取手に手をかけないのだ。その代わり、ダッシュボードをパタパタ叩いて見せる。

　「それじゃ、またね」

　「じゃ、またね」

　「エ〜と」

　女は仕方なしに車のドアを自分で開ける。男はシートベル

トを確かめる。女の足が地面につく。男は車のエンジンを空ぶかしする。
　「じゃ、バイ」
　「またね、バイ」
　昔ながらのオーストラリア人のデートならこれだけだ。
　女は車のドアを開けて、ほっとして家の門の方にすたすたと歩きだす。男は車のエンジンをふかし、ほっとして家路につく準備にかかる。
　オーストラリア人の口説きのテクニックはここからだ。
　男が明日は朝が早いとか何とか言う。
　「君の八重歯の友達さ、あの娘はいい子だよ。彼女も明日は朝が早くて、僕と同じ、朝6時の早番さ」
　すると女が
　「彼女には気をつけてよ」
なんて言う。
　「昔、あの娘のお兄さんと付き合ったことあるのよ。きれいな歯をしているけど、考えることはアノコトばかりなのよ」
　男は女が好きなのに、興味がありそうには見せない。女は、男がこんなにあっさりと夜早く帰ってしまうのは心残りだとは思っているくせに、あっさりしているところに引かれてい

4　口説きのテクニック

る素振りを見せる。

「ちょっと上がって、コーヒーを一杯飲んでいってもらおうと思ったけど、もう帰らないといけないのよね」

「うん、最近、身体には気をつけているんだ。8時間睡眠を取らないとだめなんだ」

　オーストラリアのしきたりでは、口説きは、女の方がイニシアチブを握る。女が糸口を作るものである。しかし、それとなくやらなければならない。男に興味があるような素振りは見せてはならない。

　また、同時に、男が女に言い寄る行動は許されない。それでは女が傷つく。

　男が女にモーションをかければ、女は振る。女も見え見えには動かない。そんなことをすれば安っぽく見られるからだ。

　じゃ、どうするか？

　まず、男が時間を稼ぐ。

「ラジエーターの水が減っちゃったかなあ」　男が言う。

「どのくらい？」

「いや、大丈夫だろう。家まではもつよ」

「家に行って、器に一杯、水を持ってきてあげるわ」

「いいよ、いいよ、大丈夫だよ」

"Say, why exactly do they call you Bunny?"

4　口説きのテクニック

　ここで、ようやく女の方が動き出す。腕の見せどころは、女の方が男をどう動かすかだ。

「エンジンを切って、ちょっと冷やしたら？」

　男は計器を調べる。

「そうな、君の言う通りだよ」

「じゃ、家に入ってちょっと待ったら？」

「そうね、わるいなぁ」

　女は車から降りる。男は車のエンジンを切る。そして、女の後について行く。

「車に鍵かけないと」

「いや、ほんの２、３分だから」

「ダメよ。私の女友達なんか、ガソリン代を払っている間に、目の前で車を盗られちゃったのよ」

「そう、じゃ鍵かけておこう」

　２人は家の中に入る。

　男は玄関に立ち止まっているか、出口に一番近い１人掛けのソファに座るかして、女に近づく素振りは決して見せない。

　女もテレビをつけたり、男をもてなしたり、歓迎したりは決してしない。

　１時間ほど、車の故障で困った話などをして過ごす。それから男が言う。

「もうエンジンは冷えただろう」

それから玄関の方に出る。この瞬間に、女は男を誘うのだ。
だが、まだ、これで決まりというわけではない。

　男：「オット　足下、気をつけて。つまずかないように」

　女：「ありがとう。けがには気をつけなくっちゃ」

　男：「じゃ、またね」

　女：「ねえ、アレしていかないの？」

5
オーストラリアで「最高の女」

　どんな女が最高の女かは、文化、文化によって異なるものだ。唇に大きな輪っかを突き通したスヤ・インディアン（Suya Indian）の女は、オーストラリアでは、魅力ある、寝てみたい最高の女だとは言われない。豚の飼育がどんなに上手なカパウク（Kapauku）娘にしても、すごい顔つきのぐさっと来るようなダホメイ（Dahomey）の「かみそり娘」にしても、はたまた、腹に傷跡をつけたスク（Suk）娘にしても、オーストラリアでは、誰も好き好んで寝てみたいとは思わない。

　だからといって、オーストラリア人が、格別変わった女と寝てみたがるというものではない。しかし、どんな女が最高かは、当然ながら、3つの性別によって全然異なるものである。

●女から見た「最高の女」

　自分の欲望をちゃんと心得ていて、それをどこで満たすか

もちゃんと知っている女だ。無闇にバギナを捧げるだけなんてことはしない。必ず対等の共有にする。こういう女は、ただヤルだけの男と寝るようなことはしない。夜ごと夜ごとに一段と良い感じを開発してくれる男とでなければ寝ないのだ。こういう女は自分が上位にならなくとも絶頂感を味わうことができる。太り過ぎの心配はない。ダイエットの心配はない。いつだって体重は理想的だ。

　その気になったら何回でもオルガスムスを感じることができる。クリトリスはいつでも刺激に反応する。昨晩あまりにも燃えたから今夜はダメなんてことはない。

　彼女は調子が悪い時でも何事も上手にこなす。尻が出てきたら、誇らしく胸を張って見せる。黒焦げの焼けぼっくりにはならない。こんがりと焦げる女だ。

●男から見た「最高の女」

　自分の欲望をちゃんと心得ていて、男の誘い方もちゃんと知っている女だ。女性週刊誌を読む目的は、恋の御馳走を美味しくするためで、破れた恋を癒す助言を求めるためではない。女友達とのおしゃべりは学校時代のことだけにする。セックスの悩みなどは絶対に口にしない。

　おしゃべり上手というよりは聞き上手だ。このような女は、

喧嘩の最中でもセックスは拒まない。「乗車拒否」を武器には使わない。男よりも必ず先に「行く」ものと心得ている。仕事を持っている女ならいざ知らず、ドアを開けてあげる必要などはまったくない女だ。

このような女は、必ず男を立てるもの、自分がどんなに燃えても、男の上に乗るようなはしたないことはしない。

金儲けは嫌いな女だ。男が2人の預金口座を共有にしても気にしない。男の犠牲になるのは嫌いだが、時々男のために御馳走を作るのは厭わない。女の方からバギナを提供してくれるから、男があれこれ手を尽くす必要はない。夫以外の男とでもオルガスムスを得る女だ。

● **レスビアンから見た「最高の女」**

女の欲望をちゃんと心得ている。しかも、あの時はこれ、この時はあれ。その時々の使い分けを心得ている。

近くに他人がいない時は、物腰柔らかく、おしとやか、確かに女そのものだ。ところが他人が側にいると、まったくの異邦人。奇妙な人間だ。

こういう女は、型にはまるのが大嫌い。いつもジーンズを履いている。彼女となら何を着ても安心だ。この種の女は目立ちたがりやで、自分らしくするといっては髪の毛はショー

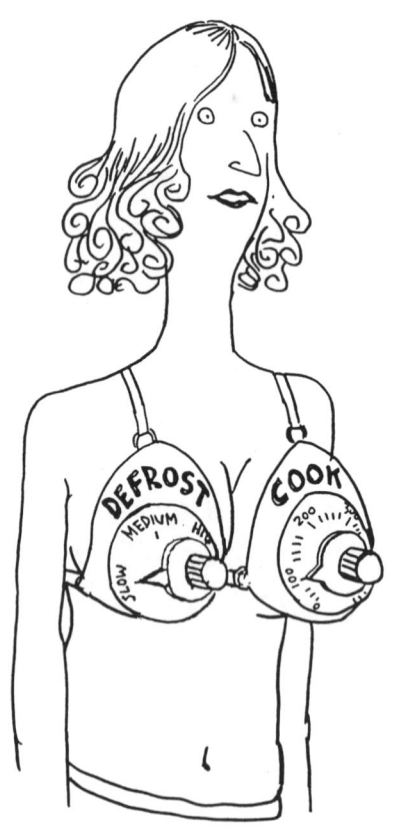

トカットにする。
　こういう女には、台所では売春婦よろしく、居間ではメイドのごとく、寝室では淑女のように丁重にお相手をしなければならない。タンポンなどは使わない。オルガスムス？　男と同じ１回だけ。

6
オーストラリア人の燃え方

　オーストラリア人は、セックスはあまりお盛んではない。ダサイ人たちだとよく評されている。しかし、どうしてどうしてとんでもない。本当は実にお盛んな人たちなのである。これは、オーストラリア大陸が、あの魅惑的な南太平洋の熱帯の島々に連なっているという実に幸運な配置によるものであろう。何しろ南太平洋の島々では、どこに行っても気ままなカップルが、生命の根源はここにありとばかりにお互いにチチクリあって、性を楽しんでいるのである。

　トロブリアンド（Trobriand）島では、女を選ぶ時には男は女に嚙み付くそうだが、女は結構感じるそうだ。ソロモン諸島（the Solomons）では、花婿は、花嫁を篭に閉じ込めておくと、刺激が高まるそうだ。パプア（Papua）の夫婦は、あの行為の最中に殺したばかりの豚を2人で食べると燃えるとか。オーストラリア人の燃え方は、次の通り。

1．一緒に寝ている相手の気持ちなどはまったくの無視。知

6　オーストラリア人の燃え方

らん顔をしていた2人が突然に始めるのが最高だという。恋の嵐は一点俄かにかき曇って突如とやって来るのだ。

2．「こんなに激しくては2度とできないわ」と言わせるのが、最高だと思われている。3回も4回も襲った後では、難しさがどんどん増してくるわけだが、それでもまだやりたいというのは、彼らがどんなに精力家であるかを示すものだ。

3．昔の恋人の話、浮気の相手の話は、オーストラリアでは媚薬だ。使う人は少ないが、確かに効果がある。こんな話をするのはよその国では不謹慎だろう。しかし、オーストラリアでは、優しい人だと思われる。昔の恋人がどんなにすごかったかを話すと、親密感が湧いてくるというのだ。昔の相手の燃え方を包み隠さずみんな話す方がよい。イタリア人なら、くるっと背中を向けて、「あんなヤツの話なんか聞きたくない！」と言うだろう。しかし、オーストラリアでは話は別だ。昔の恋人との武勇談は媚薬としての威力を発揮する。

4．「あっ、もうダメ、イク、イク」のその瞬間が最高。特

に2人とも同時の時が最高。

5．ベッドに入ったら、じっとしているのもなかなかいい。いろいろなスポーツ、ジョギングや水泳やサーフィンやエアロビックスなどをやった後、恋人とベッドインしたら、静かにじっとしているのもなかなか感じるものである。相手があなたを優しくいたわっていることがよくわかるからだ。相手が、本当はあなたはすごく活発な人なんだ、ということをちゃんと理解していることが見えてくるからだ。

7
3つの風習

　どこの社会にも奇妙な風習というものがある。ルーマニアでは、どろどろに解かした鉛を鍵穴から水瓶の中に流し込むと、将来結婚する相手の名前がわかるという。イスラエルでは、女が何人の子供を産めるか見るために、長い髪の毛を使って、金輪を両手のひらの上に釣り下げるそうである。キプロスでは、新婚の夫婦は、たくさんの健康な子宝に恵まれますようにと、まるまる太った赤ちゃんを、花嫁のベッドの上でゴロゴロと転がすそうである。

　オーストラリアでも、長年の間、幸運を求めて、いろいろな儀式や風習を開発した。

　オーストラリア人は、アノ行為の最中には決して言葉を交わさないのが風習である。これは、1度に2つのことはするなかれという古いアイルランドの教訓から来たものであろう。

　オーストラリアの東海岸沿いでは、性の行為は陽気でお祭

り騒ぎだ。行為が済むと男どもはすぐに仲間を集め、こうしたらよかった、ああしたらよかったと、行為について事細かに一部始終を仲間に説明する。こんな風習は、周囲にめったに女がいなかった一昔前の名残であろう。

ニューサウス・ウエールズ（New South Wales）では、カップルがお互いの思いを遂げる行為に及ぶまでに、何と3時間もかかるのだ。最初の1時間は飲んで過ごす。次の1時間は食事に使う。次の1時間は、男どもが大好きなテレビを見て過ごす。こんなまどろっこしい儀式も昔からあることで、テレビがない時代でも、行為に及ぶまでにはたっぷりと2時間はかけたものさ。

8
オーストラリア人の「ベッドビヘイビア」

　オーストラリア人カップルがベッドに入って、コトに及べば、後はアット言う間。「ベッドビヘイビア」は、実に実にあっさりしている。

　オーストラリア人のセックスは、実に素早い。素早いのは、セックスを粗野で、すてばちにするからではない。とにかく恥ずかしいのを避けたいという気持ちからだ。

　男は、女が男の身体に触るのを嫌がる。そんなことすると、男はすぐに行っちゃうから。
　「ダメ、そこは触るな。もう、行っちゃうよ。そんなところに触られなくても、十分燃えるよ。そこに触られると僕が喜ぶなんて思われたくないのさ。肘を立てる体位は嫌だ。女から僕の身体がよく見えちゃう。だから、ちょっと身体を横に傾けておこう。こうすれば、女に、何だ、それほど大きくないわねなんて気づかれずにすむ。女は絶対にスゴイのを期

待しているもんなんだ。だけど、こういう体位ならきっと互いにコトに集中できる。」

　女も自分の身体を男にしげしげと見せたがらない。そんなことをしたら粗が見えてしまうから。
　「ダメ、ダメ、キスしないで！　そばかすが見えてしまうでしょっ！　私が壁側よ。それじゃ行き過ぎ。そんなに下の方じゃだめ。おなかが見えてしまわ。彼の頭は私の脇の下でないとダメよ。ダメ、ダメ、太腿はダメ。脂肪沈着を見られてしまうじゃない。乳房の間をそんなに事細かに調べないでちょうだい。取り残した毛を捜し出されてしまうじゃない。彼は私の体を褒めてくれるに違いないけれど、きっと嫌なところも見つけてしまうわ。そう体位はこれ1つだけね。これなら彼にアラが見られないし、互いにすぐにイケルわ。」

　女の方から男にモーションをかけると、男は次のように思うもの：
　「彼女はもう濡れちゃっているよ。前戯なんか必要ないな。ウオー。シメタッ！」かくして、前戯は省略。

　最高に高めた気分を維持しておくためには、2人ともじっ

8　オーストラリア人の「ベッドビヘイビア」

としているのが一番お好き。実際、音はまったくたてないのだ。たまには、オーストラリアの女の中には、セックスの最中に、男に愛の言葉をねだる者もいる。が、男の方は、愛の行為の最中には絶対しゃべらない。タブーだと思い込んでいる。決してうめき声も発しない。これも広くに行き渡っている迷信によるもの：「１度に２つのことはするなかれ」のためであろう。

 オーストラリア人のセックスは、スポーツマン精神に則って行われる。セックスの行為はアッサリと終える。後戯なんてものは断じてしない。行為は普通最長３分から５分。笛がなれば、どんな試合だって終了だ。ノーサイド。はい、それまで〜よ。

 ほんの１、２分、良かったような格好はしておこう。素敵とか何とか曖昧なことを言う。後は、先を競ってベッドから跳び出していくだけ。叱られた後に、何も無かった素振りをするのと同じ、しきりに平静をよそおった素振りを試みる。
「よかった？」
「よかった」
 この会話が交わされたら、後はぐずぐずしない。どちらか

8 オーストラリア人の「ベッドビヘイビア」

がさっさとその部屋を明け渡すのが礼儀である。なぜ、そうするか？ とにかくオーストラリア人は部屋をいつでもきれいに片づけて、広々とさせておきたいのだ。女は多分こう言う。「冷蔵庫のドアを閉め忘れたわ」「猫に餌やるの忘れたわ」男は「自動車のライト、つけっ放しだっ」オーストラリア人のスポーツ精神、フットボールの対戦の心得では、「選手は、空いているところへ、空いているところへと走るべし」なのである。

9
奥の院（陰）に至る関所

　世界中、ほとんどの場所で、最初に性関係を持つ時には誰でもが抵抗する。しかし、一旦、性関係を持つようになるとその後は簡単、会うたびごとにコトは一層簡単に運ぶようになる。

　オーストラリアではまるっきり違う。事態はあべこべだ。

　ヨーロッパの考え方では、ともかくベッドを共にしようということになると、別れて数時間も経たないうちに、2人のうちのどちらかが電話をする。そして、しきりに、「私、とっても次に会うまで我慢できない」「一人でいたら死にそう」とか何とか言って、その日の夕方にまた会うことにする。こんなことはメルボルンでもシドニーでもオーストラリアでは有り得ないことだ。

　もちろん、オーストラリア人の間では、そういうヨーロッパ式は、あまりにも性急過ぎるとか、乱暴に過ぎると考えられているわけだが、オーストラリアでは、ちゃんとした女、れっきとした男をものにする時には、複雑な儀式、厳しい関

9 奥の院(陰)に至る関所

所を通過しなければならないことと昔から教え込まれているのだ。

　オーストラリアでは、人々は、「関係を持つ時には、馴れ馴れしくし過ぎて、関所の通過は当然できると言わんばかりに振る舞ってはならない。関係が熟しているかどうかしっかり見極めてからにしなさい」と言われて育てられている。大切なことは、ちゃらちゃら色気をちらつかせて誘ったりはしないこと。あまり気安くし過ぎて馴れ馴れしくしないこと。試験を受ける前から合格はわかっているような顔はしてはならないということだ。何事にも知り尽くしているような振る舞いをする権利は誰にもないのだ。親子の間柄でもこれは同じだ。

　オーストラリア人はわかり切ったことだからといって手抜きをするのは大嫌いだ。だから、関係を持つ時も、あれやこれやと気を遣い、いろいろと手順を尽くしてからでないと親しくなれない。誰かと会って一目ぼれ、次の瞬間にはベッドインなんて考えるだけでもゾッとする。だから、オーストラリア人がコトを運ぶには、2度目に会った時でも、初めて会った時と同じように手順を尽くす手間をかけるのだ。それもこれも、いつでも新鮮、あのエクスタシーを得ることを大切にしているからだ。

性関係では、最後まで行くには、必ずお取り調べをする関所があるものだ。この関所を通過しないことには、コトは一向に進まないことを覚えておこう。

●宵の口の関所
　一度は交渉を持ったことのある２人だとしよう。デートはこれが３度目。今夜は２度目の交渉に突き進もうとしている２人の話から始めよう。
　仕事が済んだら、職場の近くのアジアレストランで、マグロの刺身を素早く食べ、緑色のチキンカレーライスを食べ、焼きアイスクリームも平らげる。２人とも明らかに夜遅くなるのは望んでいない雰囲気。
　こういう状況で、オーストラリア人の恋人同士は、次のような儀式を繰り返すのが習慣だ。
まず、レストランで、どのテーブルに座るかを決める儀式。
　男：「あそこの窓際のテーブルが良さそうだね」
　女：「もっと奥の方が静かだと思うわ」
　男：「そうね。君の好きなところでいいよ」
　女：「でも、あなたはあの隅の方が静かだからいいんでしょう」
　男：「いや、僕は外が見えればどこでもかまわないよ」

9　奥の院（陰）に至る関所

　（女が指さした奥の方のテーブルのところへ行く）

女：（途中で立ち止まって、小さなレストランをグルッと見回す）

男：（座る椅子を引き出す）

女：「待って。窓際の方が煙くないわね」（くるりと振り返って窓際のテーブルの方へすたすたと歩む）

男：（後を追って立ち上がる）

女：（窓の外を見ながらドッカリと腰をおろす）「それじゃ、ここでいいわね」

男：（仕方なしに反対側の椅子に窓を背にして座る）「ああ、いいよ」

　この儀式は、2人のムードをその気になるまで高めるにはどうしても欠かせない大切なものだ。

●火入れの関所

　2人をその気にさせるには、決まり切った昔ながらの会話にする。

　男はどんな時でも女を絶対に褒めない。必ず女には何かの問題があるように仕向ける。が、女には解決の方法がわからない。が、同時に、男はそれを気にとめているふうでもない、

といった雰囲気を作る。

　昔ながらの女のやり方は、前のボーイフレンドとのことを持ち出すとか、会社の同僚とややっこしくなったとかいうことで、男を相談に巻き込む。

　男：「君は箸がもっと上手に使えたのに」
　女：「ダメ。ダメ。前の彼の方がずっと上手だったわ。彼は完璧主義者で、箸でグリーンピースもちゃんとつかめたわ」
　男：「君はコンピューターを習った方がいいよ。僕の職場の女の子なんかみんなすごく上手だよ」

　男がこの女はいいと思っていればいる程、ますます男は女を貶す。女が男に気があればある程、女は他の男のことを事細かに話す。これがオーストラリア人の親しくなる時のやり方だ。したがって奇妙な会話が交わされることになる。

　女：前の彼のテリーは、本当はコンピューターのプログラマーだったのよ。あなたと知り合った直後の頃、コンピューターに夢中でね。（ケラケラ笑う）コトが済んだ後、他の男ならタバコに火をつけるのに、彼ときたら、ベッドから飛び出してキーボードに向かうんだから。彼にはいろいろと教えられたわ。
　男：本当？　驚いたな。あんなのに君はとっても我慢でき

9 奥の院（陰）に至る関所

るタイプじゃないと思ったのに。

女：彼にはぞっこん惚れていたわ。ロンに会うまではね。ロンと付き合うようになってからは、週末には苦労したのよ。両方から迫られるんでしょう。テリーと6時頃に食事をしてから別れて、今度はロンと9時頃に食事をして、また、大急ぎでテリーのところに浮気がバレないようにするために舞い戻ったりするの、よくしたものよ。すごく緊張したわね。指から背中まで皮膚炎が起きちゃう騒ぎだったわ。

女は、男のことを事細かに聞かない。男に気があることを男に見透かされると、安っぽい女だと見くびられるからだ。

男は、オーストラリアでは、誰かとベッドインしたい時は、最終目的がセックスだということが絶対に悟られないようにする。

互いに、「あなたは素敵」とか「あなたは特別」とか「あなたをもっと知りたい」なんていうことは、オーストラリアではほとんど言わない。

最もありふれたやり方は、いつでも初めて会った時のように振る舞うことだ。

レストランでは、請求書が来たら支払いの儀式をする。す

なわち、一つひとつの項目を間違いがないかどうか、どちらか片方でも2人でもかまわないが、いちいち調べる。もう一遍、指を使って計算をし直す。さらに、チップなんか置いていく必要がない理由を事細かに説明する。これらの儀式が済んだら、そそくさとその現場を立ち去ればよい。

●街灯の関所

レストランを出ていよいよお別れの儀式にかかるが、それにはだいたい45分かかる。オーストラリアの恋人同士は、この関所で、「じゃ、さよなら」を何回も何回も交わすので、伝統的なやり方にすると実にスタミナと根性がいることを承知すべきだ。

オーストラリアでは、まず、1杯飲んだら、「今夜はこれでさようなら」を言う。次に手と手が触れたら、「今夜はこれでさようなら」を言う。次に、何だか楽しい話をしてしまったら、「今夜はこれでさようなら」を言う。目と目があって見つめ合ってしまったら「今夜はこれでさようなら」と言う。股と股が触れ合ってしまったら「今夜はこれでさようなら」と言う。とにかく「いよいよかな」と燃えてきたら、何でもかんでも「今夜はこれでさようなら」と言うのだ。

デートをしている恋人同士の中には、会った途端に、「今

夜はこれでさようなら」を言いだす者もいるくらいだ。他の恋人同士にも、「今夜はこれでさようなら」を言うことはこの後はもっといいことをしようとの意味だ。

　だから、路上で「今夜はこれでさようなら」を言うことになるとこれは困ったことだ。

　「じゃ、今夜はこれでさようならね」

　「そう、じゃね」

　「もう、行かなくっちゃ」

　「そうか、僕も」

　男は、自分がセックスを欲しがっていることを悟られないようにするために、「今夜はこれでさようなら」を言い続ける。反対に、女は、何遍でも彼の気持ちを確認するために、そうしておいて自分の側では、ふしだらな女に思われないようにするために、「今夜はこれでさようなら」を言い続ける。

　「ごめんね、帰らなくっちゃ」

　「そう、僕も行くところがあるんd」

　「私たち、もっと夕方早くに会えば良かったね」

　「そう、僕もそう思っていたとこだ」

　最後には、いよいよ、女が、「さようなら」「さようなら」の繰り返しを上手に打開してくれるような訊き方をしてくれるだろう。「今日は会社に車で行ったの？」女がこういう訊

き方をしてくれる時はしめたものだ。「僕の車に乗らない」と言えば、すぐに乗ってくること間違いなしということを男は確信すべし。が、すぐに車に乗せるなどと言ってはならない。それでは車に乗せるのはセックスが狙いだということがすぐにバレるから。そこで
 「2、3日したら電話するよ」
 「いいわ」
 「それとも君の方から電話くれる？」
 「いいわよ」
 「互いに電話しようよ」
 「いいわよ」

　慣例では、ここで女は、ここまで来たら関係を持つのは当たり前でしょ、というような雰囲気に飲まれないように身を守らなければならない。同時に、男は、うっかり先の関係にまで引っ張り込まれないないように用心しなければならない。ここはこらえて、
 「また会えるね」
 「そうね」
 「今度ね」
 「いいわよ」

9 奥の院（陰）に至る関所

　実際、オーストラリアの恋人同士は、夜の別れ際に「それではこれでさようなら」と繰り返す間に、2人とも準備ができて濡れてくる。声が急にうわずってくる。どんなに落ち着き払ってもぎこちない。だが、よそ者は、退屈なのかと勘違い。

「じゃ、またね」

「ムゥムゥ」

「それじゃ」

「アゥアゥ」

　言葉がますます分からなくなる。沈黙が長くなる。ぎこちなくなる。こうなったら儀式は完了。関所は越えた。次に進んで安心だ。

　恋路には近道、逃げ道ありもなし。オーストラリア人は儀式を好む。恋路の関所のそこここで、昔ながらの愛の儀式。手抜きもされず、滞りなく、よくも飽きずに繰り広げられる。

10
オーストラリア人に関する誤解6つ

　オーストラリア人に、こうしたら怒る、こうしても怒らないという話には、見当違いや間違いがある。これらはあまり知られていないが、結構、長年の間に、たくさんの神話が作り上げられている。

1．曰く、「オーストラリア人は、優しくしてあげないとすぐ怒る」冗談じゃない。貶してやればよい。オーストラリア人は、プリプリ怒りながら行動するのが好きなのだ。これは他人から何かを言われたとか、やられたとかではない。行動とはそういうものだと思い込んでいるのだ。

2．曰く、「オーストラリア人のカップルには、よそにいる愛人の話をするのは禁物だ」嘘。彼らは、1人の恋人を他の人と共有すると、近親感がわいて親しさがますのだ。

3．曰く、「オーストラリア人は、付き合いでいがみ合いが

出てくると、すぐに解決をつけたがる」検討違いね。オーストラリア人は、人といがみ合って、いつでもツンツンしているのは当たり前。いつも風通しを良くして付き合うオーストラリア人なんて少し頭がおかしいよ。

4．曰く、「オーストラリア人を家に呼んで、食事を出さなかったら怒るよ」とんでもない。オーストラリア人は、気取ったところがないから、食事なんてろくに期待していませんよ。それより、強い酒をしっかり飲ませてあげないと、何を言われるかわかったもんじゃないですよ。お気をつけ遊ばせ。

5．曰く、「オーストラリア人に人前で恥をかかせたら大変なことになります」これは完全な大間違い。

6．曰く、「オーストラリア人の恋人同士は、よく周囲の人がいても平気でよろしくやっているが、これは、周囲の人がいなくなればよいと思っているのだ」全然。オーストラリア人は、周囲の人を無視することに快感を感じている。おまけに周囲の人にも快感をお裾分けしようと思っているのだ。

11
見え透いた褒め言葉

　オーストラリアでは、交際の進展をダメにする確実な方法が２つある。１つはドアを開けて部屋の外に出て行って、２度と戻らない方法。もう１つは、相手の目をじっと見つめて、「あなたが大好き」と言えばよい。

　部屋を出て行く方法は、効を奏さないことがあるが、知り合いになって間もないオーストラリア人に、「あなたが大好き」なんて言えば、この交際は絶対にダメになる。

　愛情が深まるとか、恋の炎が燃え上がる、なんてことは絶対にない。交際しだして間もない相手に好きだなんて言ってごらん。相手はきっとなんてひどいことを言うといわんばかりの反応を示す。「遊びでしょう」というわけだ。

　ロシア人は、見ず知らずの人に、平気で愛していると言ったり、燃えていると告白したり、詩を送ったり、どんなに恋しいか、などと事細かに書き送ったりするが、オーストラリア人は、決してそんなことはしない。

　オーストラリア人は、恋の告白など鼻もひっかけないのだ。

11　見え透いた褒め言葉

IN THE DOG-HOUSE

"*I promise not to say you're nice, I promise not to say you're good, I promise not to say you're pretty... And I <u>definitely</u> promise not to say I really like you.*"

ドイツ人は、死ぬほど好きだとか、世界中で一番忙しくあくせくと働いているくせに、相手の賞賛を得たいばかりに、仕事を投げ出すが、オーストラリア人は、決してそんなことはしない。オーストラリア人は、見え透いた褒め言葉なんか本気で受け取らないのだ。

　世の中には、いくら逆効果だと忠告しても、魅力ある人と知り合いになると、もう我慢できなくなって、いろいろと褒め言葉を並べ立てないと気がすまない人がいる。このような人は、オーストラリアでは、見え透いたおべっかやとして片づけられる。オーストラリア人は、見え透いた褒め言葉を言われると、いつでもカチンとくる。用心しないと、せっかくの交際もフイになる。

　オーストラリアでは、交際の花を開かせたいと思うなら、恋の衝動は押さえ込むことを覚えなければならない。見え透いた褒め言葉などは相手をがっかりさせるだけだ。相手に本当に愛情を感じている時には、好きだという自分の思いを無闇に言わずに、自然にほとばしり出る最後の最後までじっと抑えておくことだ。できるだけ抑えておかないといけない。相手が好きだということを認めることは、自分の頭がぐちゃぐちゃになって、気が狂いそうだと告白するようなもの。こうなるとみんな逃げだす。

11　見え透いた褒め言葉

　オーストラリア人の相手に、「あなたと一緒にいるのが好き」とか「私はあなたが大好き」というようなことをはっきり口に出して言うと、相手に恋の炎を燃え上がらせるどころか、むしろ「何さ」というような口答えを引き出してしまうことになるのだ。
　「何のこと」
　「ずうずうしいわね」
　「いつまで何言ってんのよ」
　安心して、見え透いた褒め言葉が許されるのは、
　①　いよいよ破談の時
　②　別れ話を切り出す時
　「そうね、本当にあなたが好きだったのよ」と言って別れるわけ。

12
痛めつけるほど燃えるもの

　オーストラリア人のいいところを褒めるのは危険だ。欠点を間違って褒めてしまうからだ。オーストラリア人は、200年も厳しい現実を乗り切ってきたので、そんな甘い手口にはだまされない。おべっかをあやしむ癖がついているのだ。オーストラリア人には、おべっかは差し控えた方がいい。
　「いい身体ですね」とか
　「目の形が素敵」とか
　「本当に気にいった」なんて
オーストラリア人には言わないことだ。
　ほとんどの人が自分の長所は言われなくともわかっているのだから、今さらそんなこと言うと、「なんでそんなことがすごいの」と言いだすきっかけを与えてしまうのだ。
　当人が密かにすばらしいと思っていることもあまり褒めない方がいい。相手を喜ばせるどころか、怒らせる結果になるからだ。
　気持ちがたいへん高揚して、相手を褒めたい気分になって

12　痛めつけるほど燃えるもの

も、相手が受け入れなければ意味がない。ここは切り替えて、相手が受け入れる術を身につけるべし。オーストラリア、ニュージーランドで確実に成功を収められる殺し文句は次の3つだ。

① 「なかなか燃えないあなたが好き。1人でスル方がイケルんですもの」
② 「食事代を割り勘にしてくれるあなたが好き。私も1人前になった気分になれるから」
③ 「終わった後、クルッてあっち向いて背中を向けて寝てしまうあなたが好き。安心感が持てるの。昔の男はみんな終わった後も私をじっと抱いていたがったのよ。あなたには1人で寝る方が楽ってことを教えてもらったわ」

オーストラリア人は、何かしている時に急に燃えてきたらさっとやる。セックスが済んだらすぐに部屋から出て行く。

「私、あなたが帰った後、1人で孤独と戦うの、大好き。自分の性格が強くなるいいチャンスをいただいたような気がするの」

友達がわいわいやっている時も、自分には話し相手はいらないと言うべし。オーストラリア人は、無理に不満の種を見つけてみんなで愚痴を言い合う女なんて大嫌いだ。オースト

ラリアでは1人で静かにしている女が最高なのだ。

　男には少々怒らせるくらいが緊張感があっていい。こっちは受けてたって、それを利用していく。男に「プリプリしているくらいの方が燃えるわ」と言ってやれ。落ち着き払っている恋人にしがみつくくらい嫌なことってない。2人の間に緊張感を高めよ。昨夜見た怖いドライブの夢の話でもするべし。

　「あなた、シート張りなおしたのね。ピーンとしているわ。私たち、車のスピードを上げながら、私はこんな風にあなたのあちらこちらに触ったり愛撫したりするの。肘掛けを掴むつもりが、間違って、脱出ボタンを押しちゃったの。2人とも抱き合ったまま、こんな格好で、空中にボーンて吹き飛ばされて、舞い上がったわ」

　もう1つ注意。2人の振る舞いが緊張してぎこちない時が性感は最高だ。だから「そんなふうに落ち着き払ってたんじゃ燃えないわ」と言う。男が不機嫌な態度の時は、燃えている。「あなた、また、私を抱いてくれないつもりね」なんて間違っても言わないこと。「あなたがそんなに不機嫌なのは私といてリラックスしているからでしょう。ちょっと苦しみを和らげてあげなくっちゃね」と言うべし。オーストラリア人のオトコはこれで飛びついてくる。

13
オーストラリア人の男と付き合う法

　オーストラリア人の男は、男の中の男だ。
　オーストラリア人の男は、面倒くさいことが嫌い。嫌らしい手練手管は使わない。うまいことは言わない。彼は通常は1人で行動する1匹狼だ。グループを作って、集団で行動するのも好きだ。
　奴。
　男らしい奴。
　本当にすごい奴。
　去年は床を大理石にした、今年は家具を流行に合わせた、来年は煉瓦を透明にする、てな具合だ。趣味には本当にうるさい奴らなのだ。
　髪の毛はいつでも後ろにきちっとなで上げて、ボサボサにしない。
　ソックスをずり落としてはくようなことはしない。
　ポケットはぴんとのばして、くしゃくしゃにしていることはしない。

ベルトのバックルはピカピカに光っている。

　オーストラリア人の男は、花柄のシャツは着ない。ヨーロッパ人のようにピカピカの靴は履かない。オーストラリア人の男なら、R．W．ウイリアムズかドクターマーチンズの靴だ。さもなければペタペタとサンダル履きだ。

　オーストラリア人の男は、花を買うのが好きだ。花というものは男が買うものなのだ。

　こちらからオーストラリア人の男を好きになってはいけない。彼らは1匹狼なのだ。彼らの方からあなたにほれなければならないのだ。あなたの方はいつまでも彼の周りに立って待っていることだ。彼の方が動き出す。

　しかし、彼があなたを好きになるように彼を仕向けたりしてはならない。そんなことをしたら男はすぐにあんな女は嫌いだと言いだす。次のようには言うべからずだ。

　「しつっこくつきまとっても私は平気よ」
　「一緒に2、3杯飲むだけならかまわないわ」
　「家まで来てもいいわよ」

　オーストラリア人の男は、好きな女とはセックスは望まない。セックスは必要に迫られて仕方なしにするものと思い込んでいる。あなたが彼の側にいつまででもじっと立っているだけなら、彼の方もずっとつっ立っているだけだ。

13 オーストラリア人の男と付き合う法

　オーストラリア人の男が好きな「女」は、年齢は25歳前、いい身体をして、ひげそり後には高価な香水の匂いをぷんぷんさせて、ジェーン・フォンダもうらやむ程のきれいな筋肉質の腰をした「女」だ。彼らに好かれる「女」は、次のことを覚悟しておこう。

　① 毎晩夜が遅くなる。
　② アルコールをたらふく飲む。
　③ 大きな音で音楽をじゃんじゃんならす。
　④ 話題は幅広く何でも話す。

　「女」は、自分に合う男を選り好みしてはいけない。そんなことをしたら、彼と一緒にいても絶対に飛び切りのエクスタシーは味わえない。

　自信ある振る舞いは禁物だ。高慢と勘違いされるから。

　好きそうな振る舞いは禁物だ。あばずれと勘違いされるから。

　親しそうな振る舞いは禁物だ。変態と勘違いされるから。

　おしゃべりは禁物だ。彼に嫌いになる口実を与えてしまうから。

　動き過ぎは禁物だ。彼になかなか経験のある女だということがわかってしまうから。

　世話の焼き過ぎは禁物だ。ずうずうしいと思われちゃうか

ら。

　嬉しそうに笑うのは禁物だ。尻軽女と思われちゃうから。
　お金を使うのは禁物だ。首ったけと思われちゃうから。
　いろいろと考えるのは禁物だ。変わり者と思われちゃうから。
「僕、思ってることを隠すのが下手。僕、愛想を振りまくのが下手で困っている。僕、お金を貯めるのが下手。とにかく、僕、この種のことは下手なんだ」
　とにかく、オロオロしてうろたえている人を見るのは、すごいことなのだ。彼が下手だ下手だと繰り返せば繰り返すほど、その男の性格の良さに、あなたはびっくりして、驚いてあげるべきなのだ。感情を、心の奥底にしっかりと仕舞い込んでいる男こそ、中身をよく見れば、それはそれは実にすばらしいものなのだ。

14
突飛な習慣

　オーストラリアでは、郵便局や銀行で、20人もの人が、行列を作って1時間も待たされても、誰一人として、たったの一言の不平も漏らさない。これは珍しいことではない。カードゲームの熟練者たちは、1人で6人を相手にするポーカーゲームのカウンターを取り囲んで、ゲームの成り行きをじっと見つめているが、囁き合う声さえ出さない。客の誰かが速くしろなどと不平をこぼすと、不平をこぼした本人がみんなの前で恥をかくだけではすまない。他の客が迷惑がって、不平をこぼした者を黙らせてしまう。挙句には客たちは注意する職員に見方するのだ。不平をこぼす者には同情はろくに集まらない。

　このような習慣の起源は、不平をこぼす流刑囚は当局からひどく罰せられたという、オーストラリアの開拓時代まで歴史を遡る。不平をこぼした流刑囚は、気の毒にも9本の紐でできた鞭で叩かれたのみではなかった。その当時は、不平をこぼした流刑囚の仲間までがそいつを黙らせなかった咎(とが)で同

じように罰せられたというのだ。

　オーストラリア人は、何か仕事をする時、短時間ですませるのはよくないと思い込んでいる。仕事は時間をかければかけるほど、そのできばえは良いと信じ込んでいるのだ。この信仰の起源は、給料を食料で出す現物支給を止めて、時間給にした時点に始まる。

　シドニーでは、家の修理に7年もかける。修理が済んだ途端に、今度は売りに出される。何しろ結婚生活はいいとこ7年がぎりぎりで、結婚してから7年後には離婚する。離婚の時には家を売りに出すのだ。

　オーストラリアでは、パーティには、自分が飲むアルコールは自分で持参する習慣がある。この習慣の起源は、その昔、アルコールを他人に提供してはならないという規則があったからだ。

15
異性との話し方

　オーストラリアで異性と上手に話をするには、どうしたら良いか？　話はこうすべきものという先入観を捨てさえすれば後は簡単だ。

●**男から女へ**
　男が女に話しかける時に、オーストラリアで心得ておかなければならないことは、男がどんなことを言っても、女は必ず違うと言って逆らうから、それを大切にしてあげなければならないということだ。
　「雨になりそうだね」と男が話しかけたとする。オーストラリアの女は即座に
　「降らないわよ」と必ず打ち消す。
　だからといって、
　「天気予報では今日の午後は雨だと言っていたよ。それに、空には厚い雲が垂れ込めているし。それに道の向こう側の人が傘を広げだしたよ」

なんて言ったらダメだ。こんなことを言ったら、オーストラリアの女はプイッと帰っちゃう。だから、男は次のように言って話を続けるべし。

「そうね、天気予報はよく外れるからね」
こう言えば、女は、
「87パーセントくらいは当たるって聞いたわ」とくる。
それではと、昨夜の天気予報ではきっと雨だって言っていたことを言ってやりたい気分になるかもしれないが、それを言ってはいけない。そんなこと言うとオーストラリアの女はひどく機嫌を損ねて、男はすぐ女をいじめたがるから嫌と厄介だ。

そこで、次のように言っておくのがよい。

「僕は統計には弱いんだ」
すると、女がいい気になって言う。

「変な話だけど、自分の職場の天気予報も信じられない気象庁の職員がいるらしいわよ。何でもかんでも数字に頼るのって嫌だわ。それじゃ、人間じゃなくなっちゃうじゃない」

だからといってここでズバリ「女は何でもかんでも逆らう」なんて言ったらおしまいだ。女の言うことは認めてあげなければいけない。次のように言っておこう。

「そうね。そう言えば、エイリアンⅡもひどかったね」

15 異性との話し方

こう言えば女の方は、

「あら、私はあの映画は好きだったわ」と言う。

そうなったらこっちは次のように言う。

「続編を今やっているけど、あんなの見に行く気になれないよね」

こう言えば、女は絶対に次のように言う。

「私は、見に行ってもかまわないわ」

ちょっと練習すれば、女と話すのはそう難しいことではない。覚えておくことは、オーストラリアの女は、男が何と言っても、全部逆らうということだ。これは、女が気難しいのではない。女の方が男に気があるからだ。男の心を広げてやろうと、何やかやと気遣って、逆らっているのだ。

そんなわけで、女は逆らう機会をたくさん与えられなければならない。だから、あまりにも育ちが良くて、社交的で、話し方にソツがなく、女が逆らうのを難しくしている男は全然モテナイ。

オーストラリアでは、異性との付き合いの会話は、男が何かを言うと女がそれに逆らうというような会話のつながりになるのだ。

「君の青い目、素敵」

「本当はくすんだグリーンに近い色よ」

「その目くばせ、魅力的だよ」

「ちょっと細かいところまで見過ぎじゃない」

「そのアーモンド形のつぶらな目には引かれるなぁ」

「アーモンド形というよりは鳩目でしょっ」

「それに、君の目つきには柔らかさがあるよ」

「みんなが私の目つきはきついって言うわ」

「他の人は君のことをよくわかってないんだよ」

「あなたこそ私のこと、全然わかってないわ」

もし男が女にいくらでも逆らわせてあげれば、しまいには、男が

「そいじゃ一杯飲まない？」

なんて言うと、女はいやにムキになって

「本当は私、コーヒーの方がいいの」と返事をする。

●女から男へ

　オーストラリアでは、男が女に話かけると、女が必ず逆らうが、女が男をものにするために心得ておかなければならないことは、男に勝手にしゃべらせる機会を十分に与えることだ。

　「本当に暑い日だな」

　「エェ」

15 異性との話し方

「昨日よりずっと暑いな」

「エェ」

「この分じゃ日照りが続くな」

「エェ」

　別に話がおもしろくないからといって、女が男の話の腰を折ってはならない。オーストラリアの女は、男は話題をいろいろと考え出すのが好きだと思っている。男は常に1人で勝手に話題を捜してしゃべると思っている。

「そう、ラジオで、1873年以来の最も暑い日になると言っていたよ」

「本当？　フゥーン」

女はこんな返事をしながら楽しそうに微笑んでみせる。男が何とでも言えるようにする。それから、ちょっと話を続けるきっかけを作ってあげる。

「びっくりねぇ〜。あんな昔にあんなにも正確な記録をどうやって取れたんでしょう」

「そう、まったくねぇ〜」

こんなところで話を切ってはならない。何とか続けよ。
他人の話をこんなにも無視するのではもうこれ以上会話は続けたくないと思うかもしれないが、しかし、男は心の中でこの先、話をどう組み立てるか考えているのだということを考

慮すべきだ。
　「暑いのは本当に嫌いだよ。脇の下とか他のところに汗もができやすいんだ」
　「ウソ、本当？」
　「僕のおじいちゃんなんか日射病で10年間も患っているよ」
　「それじゃ、あなたも、太陽がお好きなのね。これ日射病の始まりじゃない？」
女がこんな言葉を返すと、１度や２度は気まずい瞬間が出てくることを覚悟をしなければならない。男が心の中の貯水湖にプレッシャーをしっかり溜め込んで、遂には満杯になって、噴出させるが、それまでには少しばかり時間がかかるものだ。
　「その〜、あの〜、暑い日が好きかなって思ったの？」
　「好きさ。夏は好きだよ。暑いのは大好き」
ここで、しばらく沈黙が来る。この後は、何が起こっても、女はじっとこらえて、男に貯水湖の鬱憤は噴出させてあげること。
　「太陽は好きだよ。陽に当たると皮膚癌になるっていうけど、僕はそんなの信じないね。陽に当たると必要なビタミンが全部摂取できるよ。僕は薬なんか絶対ごめんだ。メラノマになってもかまいやしないさ。第１、メラノマになるような男は本当の男じゃないよ。人は陽に当たらないと死んじゃう

15 異性との話し方

The Ying and the Yang

よ。青白くなって、ひょろひょろになって、死んじまうよ。ポミーズを見てごらんよ。あいつらは陽に当たらないからみんな病気になっちゃったよ。ヨーロッパに渡ったら全然陽に当たらないもんだから、みんな関節炎になって、気が滅入って、惨めな気分になって、30歳にもならないうちに性欲もなくなっちゃってさ」

　男が勝手にペラペラしゃべる話は確かに不正確だ。言うことが漠然としている。でも、男には説明は無用だ。事実をぶつけてくる。もし、彼の話を途中で遮ったりしようものなら、男は怒る。そして次のように文句をつけてくる。

　「なんだか、お前は、外に出て新鮮な空気が吸いたいみいだな。外で体操でもしたらどうだい。すかっとするよ」

　男にはいつまででも勝手にぐてぐてと言わせておけばよい。しまいには、男はきっと言う。

　「そいじゃ1杯飲まない？」

　　　　　□異性と話す時には、次の話題にしよう□
① どこの海岸がいいかの話
　　海岸に行った時の話になったら、サメが襲ってきた
　　話、おぼれそうになった話を必ず1つは含めるよう

15 異性との話し方

にしよう。

② どこが住みやすい住宅地かの話

「最近、カールトンには本当にすばらしい家が建ったね。あの辺は、昔は荒れ果てた場所だったのにね。今じゃ本当にすばらしいね」

③ まったくの作り話

必ず、2日程前に起こった話にしよう。そうしないと、歴史家と勘違いされる。

「ねえ、レーヨンのブラウスに自分が着たままでアイロンをかけようとした横着な女の話、読んだことある？」

④ 昨夜他の異性とベッドの中で一緒に見たテレビの話

細かいところまでちゃんと覚えていない話し方にすることが肝心だ。そうすれば、相手に「そうじゃないよ」と口を差し挟むチャンスをあげることができる。もう1つ肝心なことは、あまり頭のいい振りはしないこと。

「『100匹の猿』のテレビ、見た？ 100匹の猿を飼って、ココナツの掘り方を教え込むわけよ。ところがロシア群島にいた300匹の猿がテレパシーかなんかでココナツの掘り方を捜し当てちゃったわけ」

16
穴・穴・穴・落とし穴

　オーストラリアで、同性と上手に話すコツは、相手の話から落とし穴を見つけ出して指摘することが大切だ。オーストラリア人は、話の中の落とし穴をきちんと指摘しなければ、知性に敬意を払っているとは言えないと思うのだ。
　「メルボルンからケアンズまで車で行こうかと思っている」
　「そう。じゃ、ジンピーを出る時、曲がり角があるから、あそこは気をつけてね。あそこは全然向こうが見えないんだ。僕の友達なんか、僕がちゃんと注意したのに、もう2人も事故を起こしてるよ」
　オーストラリア人は、人というものは、楽観的に過ぎるときっとやけどをすると思い込んでいる。さらに、後でがっかりしないように、予め忠告しておくのは、オーストラリア人の思い遣りの証だと信じている。親しくなればなるほど、どんな間違いが起こるか、無理矢理にでも見つけ出して指摘するのだ。

16 穴・穴・穴・落とし穴

「今日は嬉しい気分だ」

「本当？」

「コンピューターの講習会が受けられることになったよ」

「教えてくれるコンピューターの機種をちゃんと確かめた方がいいよ。せっかく習ったのに、後になって、教えてもらったコンピューターの機種はもう古くて使ってないなんてことがあるよ」

コースの内容、費用、使うソフトなどについては聞かないこと。こういう話は、退屈な話だと思われる。第一、もうみんな自分で決めているに違いないから、話たってしょうがないのだ。

気のきいた話ができるかは、思いもかけない落とし穴のことを指摘できるかどうかだ。

「心配させるなよ」

「いくら用心してもし過ぎることはないさ」

「どうするかもう1度考えてみよう」

「そうよ。君は僕に会えて運がいいよ」

落とし穴の指摘は、自分が相手より頭がいいことを見せびらかす実にうまい手口なのだ。だから、落とし穴が相手より多く指摘できればできるほど、尊敬される、とオーストラリア人は思い込んでいる。

落とし穴の指摘は、一種の知能テストだ。深刻な話をしている時でも、くだらない話をしている時でも、毎日どこでもやる。
　「シドニーに引っ越そうと思うんだ」
　「ウヘェ〜。あの街は南半球で１番の犯罪率の多い街だよ」
　「でも、港はすごく美しいじゃないか」
　「だけど、排水公害の問題は全然未解決だよ。あんなドブで泳ぐ気かい？」
　「海水浴場はだいたいは大丈夫だっていう話だけど」
　「サメの来襲対策は手つかずじゃないか」
　「じゃ、シドニーに引っ越さない方がいい？」
　「そんなこと言ってないさ。あんたのためを思って言ってるんだよ。ただ、落とし穴を指摘しただけさ」
　「それはどうもありがとう。自分じゃ気がつかなかったよ。シドニーをやめてサーファーズ辺りにフラットを借りることにしよう」
　「あすこはちょっと暑いよ」
　「でも、カジノが近いじゃないか」
　「休日なんか全然駐車場がないよ」
　「そうか、じゃ、ブルーワリナにするか」
　「僕ならあすこへは行かないね。海水浴場はない。カジノ

はない。おまけに茹だるほど暑い」
　「じゃ、いい場所はどこだと思う？」
　「そりゃあんたが決めることだよ。そういうことは自分で決めなくちゃダメだよ」

17
恋人をリラックスさせる法

　オーストラリア人をリラックスさせるには、どういう方法があるだろうか？

　まず、第1は、彼らにリラックスなんかできっこないと諦めさせることだ。

　オーストラリア人は頑固でへそ曲がりな性格だから、誰かがオーストラリア人をリラックスさせたいと思うと、その瞬間、飛び跳ねようとしているカンガルーの尻尾のように、オーストラリア人はぴ〜んと張りつめて緊張の極に達してしまう。一番良いのは、オーストラリア人を不安に陥れて、緊張の中に閉じ込めてしまうことだ。オーストラリア人が緊張すると、自分の置かれている立場がさっぱり見えなくなって、結果は、他のどの方法によるよりも実にリラックスするのだ。

●例えば玄関で

　絶対に、オーストラリア人に、「お上がりください」なんて言わないことだ。そんなことを言うのは、野獣に罠をしか

17 恋人をリラックスさせる法

けるようなものだ。オーストラリア人にとって、家の中に何時間も閉じ込められることが何よりも恐ろしい。一番良いのは、さっさと帰れと言わんばかりに玄関で立ち話でもすることだ。玄関で立ち話をしているオーストラリア人は、実にリラックスしている。麻薬を500gも吸ったモロッコ人でもこうはいかない。オーストラリア人はこうなったらもう帰れと言ったって絶対に帰らない。

●通りでばったり出会ったら

「あら、今急いでいるの。急用で人に会いに行くとこ」と言うことだ。こう言えば、オーストラリア人は間違いなくリラックスする。いい気になって「そりゃ大変ね」とか何とか言って、何時間もおしゃべりを止めない。あなたが何とかその場を逃れようと死ぬほどもがけば、相手はニンマリ、ますます話に熱中するという本性を持っている。実際、あなたがその場から逃げ出そうとすればするほど、相手はゆうゆうとリラックスして話を続ける。

●締め切りを決めよ

オーストラリア人の性格の中でもっともすごいのは締め切り間際のずうずうしい開き直りの能力だ。この開き直りは、

しばしば目を見張るものがある。一瞬にして変身する。締め切りが来るまではいらいらして苦しんでいたオーストラリア人が、締め切りが来てしまえばその瞬間、ホッとして余裕を見せる。ミロのプロマイドと同じ効果だ。締め切りになってしまえばもう平気、何でも放り出す権利があると言わんばかりの余裕を見せる。

「じゃ、私が戻る時刻までには仕事を全部終わらせておいてください」

「締め切り」と聞いたとたん、アメリカ人や日本人ならアドレナリン（興奮剤）がどっと吹き出すだろう。オーストラリア人はエンドルヒン（鎮静剤）が吹き出すのだ。

「お母さん、まだ、2時57分だよ。てっきり3時45分かと思ったよ。4時半までにはまだまだたっぷり時間があるよ」てな具合だ。

●**他の方法でうまく行かない時は、メチャクチャな話を**

オーストラリア人の恋人は、メチャクチャな話を聞くと、本当にリラックスする。他人の幸運や成功話を聞くと緊張するだけ。メチャクチャな話をしてやるのが、オーストラリア人の精神構造には一番ぴったりくる。

「あら、この前の晩、あなたが帰った後、救急車を頼んだ

17 恋人をリラックスさせる法

話したかしら。ひどい発作が起こっちゃったのよ。で、エアゾルの薬を噴射しようとしたわけ。3回くらいピュッ、ピュッとやったわけよ。そしたら、今度は呼吸が全然できなくなっちゃったのね。薬の容器が前のより大きくなったからかしらと思ってたら、そうじゃなくて、防虫剤を喉に噴射してしまったわけ。喘息にはさっぱり効かなかったけど、耳鳴りの方は止まったわ」

18
オーストラリア人男性は元気印

　人との付き合いで、オーストラリア人男性は、無表情とか、動きがとろいとか、寝ているようだ、とよく言われるが、それは全然違う。オーストラリア人男性は、地上でもっとも精力的な人たちだ。オーストラリア人のことをよくわかっていない評論家や表面しか見ない作家が、オーストラリア人男性の性格を誤解して、間違った紹介をしたのだ。オーストラリア人男性は、実に精力的だ。オーストラリア人男性は、職場の仕事が終わった後の方が、実に生き生きとして、活発なのだ。

● 4 時45分

　本日の仕事は15分早く切り上げる。数ヵ月間手つかずにしておいた仕事はそのうち片づけることにして、まずは帰宅する。帰宅したら、まずは、郵便物を片づける。芝を刈る。車の手入れをする。新聞販売店へ配達漏れの連絡をする。禁煙の治療で病院に通院できるよう、予約する。家の中の空箱の掃除をする。自学自習用に借りた本を図書館に返却する。こ

んなことを毎日したら、うへぇ　本当に忙しいなぁ　もう！

● 4時47分

　マツダに乗って帰宅だ。会社を出る。

　さて、何はともあれ最優先にすることは、と……。

　ブレーキがちょっと甘いからブレーキを直してもらわねば。もう6週間も直しそびれちゃって。修理工場に行くとしよう。ジムの奴にブレーキを見てもらおう。エンジンがノッキングを起こすのも見てもらおう。車が修理中、ダイアンに電話をして、映画に誘う。道路の向こう側のジョーンに、小さな白い携帯用冷蔵庫を返却する。角の店で電球を買う。

　うへぇ　本当に忙しいなぁ　もう！

● 4時50分

　うひゃ、これは遅刻をするぞ！　こんなに混んでいたんじゃ時間までに着けないよ。修理工場はきっと閉まっちゃう。待てよ。1杯飲もう。飲み屋「戦闘」だ。絶対、ジムの奴も来ているぜ。よし、途中でちょっと覗いてみるか。ちょっと寄っても5分とはかからないさ。そうか、うまいこと思い付いたなぁ。

● 4 時59分

　信用できんなぁ！　奴は来てないじゃないか。待て。飲み屋の女はジムがいつ来るかきっと知ってるぜ。でも聞かない方がいいか。恥かかせちゃうからなぁ。あいつらはどうせできとるんだから。ちょっと待とう。

　5分経過。

　あと1杯飲んでも大丈夫。

　今日の予定はちゃんとこなしたんだから。

　おやぁ、ポールが角で1人で立ってるよ。しばらく話してないなぁ。多分彼奴喜ぶぜ。いや、この次にしよう。ちょっと今は忙し過ぎるからなあ。でも、黙っていると彼奴は気分を害するなぁ。へそを曲げると無茶苦茶なことするからなぁ。ちょっと1杯だけ引っかけに来たんだから奴とは顔を合わせないようにしよう。

　うひゃ、ちょっと飲みすぎちゃった。TAB（賭け店）にハリーがいるぜ。2、3週間前に奴の誕生日には一緒に飲もうなんて約束したのに、行けなかったからなぁ。1杯おごってやるか。だめだめ、奴に恥かかせない方がいい。

18 オーストラリア人男性は元気印

● 5時15分

　チラッと飲み屋の中にある鏡を見る。ジムが来ているかなぁ。まだ、来てないなぁ。後2、3分待ってみるか。奴はきっと現れるぜ。

　「かわいこちゃん、もう1杯頼むよ」

　彼女め、また、泡を入れ過ぎやがった。奴には注ぎ方を教えてやらないとだめだ。教えてやるほどの価値はないか。どうせ、彼奴も長続きはすまい。

　ウゥ〜ン

　あれ、奴の名前は何てったっけ。勘定して出てくるのはバリーじゃないか。彼奴はこんな所では見かけたことはないけどなぁ。

　どうしよう？　彼奴に挨拶するか？

　こっちに来るぜ。どうしよう？　どうしよう？

　知らん振りしようか？　どうしよう？

　下向いておこう。どうなるか。彼奴の方から挨拶させよう。とにかく、彼奴に恥はかかせないようにしよう。彼奴もこんな所では見られたくないだろう。待とう。待て。彼奴の方からこっちが見えるかな？　多分見えない。彼奴も下向いているからな。こちらから近づいて挨拶した方がいいかもしれない。

　馬鹿な。

トイレの側にマイクがいる。

俺はあすこには近づかないぞ。多分、奴は俺に知らん振りしてほしいだろう。奴は、去年、奴が引っ越す時、家財道具をみんな運んでやったのに、ビール1杯おごってくれなかったぜ。俺はここでじっとしていよう。彼奴が何か言うまで知らん振りしていよう。ダートのボードを見ていよう。あれ、ポールがあすこにいるぜ。

賭けの払い戻し場。あれ。あれはハリーだ。

ジュークボックスの所にはケビンがいる。

クソッ、こりゃ忙しい！

ちょっとペースを落とそう。これじゃ時速100キロだ。ちょっとテレビでも見ることにしよう。

● 6時45分

じゃ、帰ることにしよう。やることがたくさんあるんだ。

ダイアンにここから電話してみようかな。彼女、映画が見たいと言ってたっけ。待て。彼女の同棲している友達が出てきたらまずいなぁ。彼女は忙しい身体だからなぁ。そんなに彼奴とは話したくないか。どうせあの映画はくだらないラブストーリーだろう。もう少し後にしよう。多分、あっちから

電話してくるさ。

● **7時10分**

あれは誰だ？

俺を見てる女の名前、何だったかなぁ？　バーバラ？絶対、彼女は俺に気があるな。俺の方から声をかけるのを絶対待っているぜ。しかし、この前、声をかけた時は、そっぽを向きやがった。どうするか決めなくっちゃ。決めなくっちゃ。俺に気があると思うなぁ。出過ぎはいかんぜよ。

決めろ。決めろ。

早く、早く。

彼女、行っちゃうぜ。

何て声をかけたらいい？

「おい、彼女」かな？

もっと可愛いく、「ねえ、かわい子ちゃん」かな。

速く、速く。

彼女、行っちゃうよ。呼び止めようか？　クソッ、どうしたらいいんだ。あれ、あっちが気変わりしちゃった。カクテルバーの方に行くぜ。多分、俺を避けているんだな。だが、奴はまだ俺に気があると思うなぁ。後で、俺の方からカクテルバーに行ってみよう。俺がまだここにいることをわからせ

ておかなくっちゃ。

● 7時30分

　よ〜し、最後の１杯。これが最後だ。
「最後の１杯、頼むよ」
　まずいな、ちょっと声が大き過ぎたな。あれはポーラだ。今入ってきたところだ。彼女がいる所ではもう少し声が低い方がよかったなぁ。あっちから挨拶に来るまで待とう。俺に声かけたくないこともあろう。この前は恥をかいたからな。１晩一緒にいたのに次の日は彼女の奴まったくの知らん顔だ。数週間たってそのことを言った時も、会ったことなどないとぬかしやがる。今度こそ思いしらせてやろうぜ。ポーカーマシンのあるあそこからなら俺が見えないわけはない。

● 8時40分

　多分ポーラにお土産を上げないといけないけど、彼女はきっと誤解して受け取るよ。こっちから出向いて１杯おごってやるか。いや、彼女は俺が彼女の弱みにつけ込むと勘違いするなぁ。賭けでもやって、気楽にしている方がいいか。

　え〜と、今夜はあと何をするはずだったかなぁ。
　まあ、本当にお忙しいことッ。

18　オーストラリア人男性は元気印

● **9時20分**

　やっとジムが来た。彼は絶対来るって言っただろう。せめてブレーキは見てもらわないとなぁ。よしっと、これで1つリストから消えたぞ。今から家に帰ってベランダの電球を換えておこう。いや、それはできないなぁ。また、電球を買うの忘れてたよ。明日にするか。

● **9時50分**

　ジムの所に駆け込むのはまずいぞ。彼奴、俺が彼奴を待ち伏せしていたと思うからなぁ。彼奴が次の注文をするまでここで待とう。その時、フットブレーキがどうも滑りやすいとかハンドブレーキが全然利かないと言ってみよう。その時までもう1杯飲みながら待とう。

　「最後のおかわり、お姉さん」

　さてっと、え〜とだな。なぜか疲れた感じがするな？　今日はちょっと厳しい1日だったからなぁ。そんなに頑張っちゃいかんぜよ。ちょっと頑張り過ぎたなぁ。やり過ぎはいかん。ジムと話すのは明日にしよう。ローギアで走れば、しばらくブレーキなんかどうでもいいさ。

　プッ！　これで解決だ。

　明日も頑張るぞ。

19
他人行儀のオーストラリア人

　世界中の人は誰でも、人との付き合いは、いつでも新鮮でみずみずしく、生き生きとありたいと思う。いつでも互いに興味ある存在でありたいと思う。人との付き合いで、一番嫌なのは、おもしろみがなくなった時だ。

　生き生きとした生き方をするために、英国人の工夫は、先生は先生なりに、生徒は生徒なりに、分に応じた服装を楽しむことだ。フランス人は、尼僧学校のような質素な生活気分を楽しむ。日本人は、野蛮人と見られるのを嫌って、何事にも背伸びをして上品ぶる努力を楽しむ。アメリカ人は、トラックの運ちゃんのような職業であれ、誰との付き合いであれ、何事でも愉快にやろうという精神だ。

　オーストラリア人も、他の国の人と同じで、冒険心がなかなか強いから、どんなに親しい人に対しても、いつまでも新鮮さを保とうとすることには熱心だ。どんなに親しい人に対しても、まるで赤の他人に接するように、七面倒くさい律儀さで接する。まず、どんなに親しい人に対しても、会うたび

19 他人行儀のオーストラリア人

ごとに、決まり切った挨拶を初めから最後までちゃんとやり通すのだ。

　「やあ、元気？」(How are you?)

　「まあ、ね」(Fine. I think.)

　「今週はどうだい？」(How's your week?)

　「何とか。あなたの方は？」(I think okay. And yours?)

　「まあまあかな」(All right, probably.)

　「あなた、調子良さそうじゃない」

　　　　　(You seem to be keeping fit.)

　「いや、本当はそうでもないさ」(Oh, not really.)

　「これから私たちどうする？」(What shall we do then?)

　「昨晩は何したかなぁ？」

　　　　　(Well, what did we do last night?)

　次に、相手のことについては全部を聞き出さないようにして、２人の関係について興味を残すようにする。こうすれば相手が自分のことを繰り返し説明する機会が得られて、２人が互いに繰り返して自分を語ることができる。

　「ごめん、遅れちゃって。母の所に寄ってきたものだから」

　　　　　(Sorry I'm late. I went to see my mum.)

　「お母さんがいるなんて知らなかったわ」

　　　　　(I didn't know you had a mum.)

「僕と一緒に病院にお見舞いに行ったじゃないか？」

    (Didn't you visit her with me in hospital?)

「あら、あれ、あなたのお母さんだったかしら？」

    (Was that your mum?)

恋人同士でもあまり相手のことは根堀り葉堀り聞かないことにしておけば、今までに話したことをみんな覚えておく必要もなくなるという利点がある。そうすれば、お金の貸し借りをうかつに忘れても平気だ。

「あなたが自動車の修理工だったなんて知らなかったわ」

    (You didn't tell me you were a mechanic.)

「でも、君はよく僕の工場に修理に来てたじゃないか」

    (But you used to come to the garage!)

「あらっ、そう。でも、私はいつも別な人だと思っていたわ」

    (Oh, yeah, but I always thought you were some body else.)

あまり、他の人があなたに話したことをちゃんと覚えていることは、他人に投げつける爆薬を貯蔵しているようなものなのだ。仲たがいをしたり、何か言われたりした時に、ついつい言い返して、まずいことになる。

「君はどんなに寝るのが遅くなっても、職場の始業時間には絶対に間に合うように出てくるって言ったんだろう」

19 他人行儀のオーストラリア人

> (I remember you always turned up to work on time no matter how late you went to bed.)

「いやぁ、君は覚えがいいなぁ」

> (Well, you've got a good memory, haven't you?)

オーストラリア人は、母親以外は、誰に対しても初対面の人のように扱うとよく言われる。こうすると、ものごとがいつでも新鮮で、可能性に満ち満ちているからだ。とにかく、オーストラリア人は、なかなかの発明家で、おもしろい人生ゲームを考え出したものだ。人は誰とでも初対面のようにして付き合えば、いつでもハラハラ、ドキドキ気分で、新鮮な付き合いができるというわけだ。

* オーストラリア人は、人の名前や顔は、誇りを持って覚えない。なぜなら、ロマンチックな気分になれるから。知らない人の方が、親しい人よりずっと気分がうきうきする。

* オーストラリア人は、2、3回デートをした後で

も、しばしば、多くの人が、「ごめんなさい、もう１度お名前を？」とやるのを楽しんでいる。

*　オーストラリア人の中には、嘘をつく恋人同士もいる。「昨晩あなたと別れてから本当に寂しかったわ。あなたのことばかりをずっと考えて。今日は夜になるのが待ちどおしかったわ」なんて大胆にも言っちゃって。こんな時は、「そう、それでどうした？」と調子を合わせておくこと。

*　大切なことは、オーストラリア人は、他人のことを知らなければ、また、思い出すことが少なければ少ないほど、その人に親しみを感じているということだ。

20
夫婦喧嘩に勝つ法

　オーストラリア流の夫婦喧嘩に勝つ法を伝授しよう。理論は簡単だが、実際にはなかなかうまくいかない。

●序：ジャブの応酬
　夫は、32歳。友達と家で1杯やりたいので、友達を3人ばかし呼びたいと言い出す。
　妻は、30歳。これは不都合。話題をはぐらかして、どんなに家事が忙しいか、不満たらしく言う。
　妻は、洗濯物を取り込んだカゴをエッコラ、オッチラ持ち出して、わざとドスンと大げさに置く。居間のど真ん中でアイロンかけの台をガタガタと組み立てる。10分もかけてアイロン台をセットする。さてこれで、準備は万端整った。戦闘開始。

　空気がぴ〜んと張りつめる。

夫は、妻がこれから何を始めるのかと、そっと横目で窺い見る。妻は、アイロン台をパンパンと叩き、「誰もアイロンかけを手伝ってくれやしない」と愚痴をこぼしながら、また、アイロン台をパンパンと叩く。

　夫は、「今夜のテレビ番組はおもしろいかな」とか何とか大声で言って、その場の雰囲気を和らげようとする。

　妻は、枕カバーを1枚ぐいっと引っ張り出す。アイロンでぎゅっと押さえつける。枕カバーをパンパンと叩く。

　夫は、なぜか腕がむずむずしてきてボリボリ搔く。

　妻は、2枚目の枕カバーを取り出して、プリプリした態度で、当たり散らす。

　夫は、コーヒーテーブルにビールをドンとおいて、「許しを乞うようなことは何もない」といった態度を示す。

　妻は、糊付けをしたシャツをアイロン台に投げつけ、アイロンをジュージューと言わせてムキになって走らせる。

　夫は、明らかに雲行きが怪しくなって来たことにむくれている。テレビの前でブスブス言っている。

　妻は、大きなシーツを取り出す。バタッ、バタッと空中で翻す。今度は何べんか折りたたむ。その時のしぐさは、「私の心は決まっているんだから」と言わんばかりだ。

　夫の身体は、ビールを飲むごとに、緊張が高まってくる。

20　夫婦喧嘩に勝つ法

「どこが悪いって言うんだ？」

「どこも。何でもないわよ」

妻はいよいよ荒れてくる。ますます激しくパンパンと叩く。アイロンを一層激しく走らせる。しかも同じシャツにアイロンを繰り返しかけまくる。かくして喧嘩の準備が整う。

「何がいけないんだ？　アイロンをかけるのに何でそんなにパンパン音をたてる必要があるもんか？」

「あら、誰かがそうさせてるんでしょ」

妻は、スチームアイロンのボタンを押して、居間にシューと一吹ふきつける。

夫は、妻の左耳の上から、妻の目をチラッと窺う。

妻は、夫に何が困るのかを思い当たらせようとやっきだ。あの手この手で夫に問題を気づかせようとする。夫も何が問題なのか気づかなくてはいけない。彼がわからないならわからせてやるだけ。

妻は、俯いたままだ。

夫は、テレビから目を離さない。

２人とも互いに目を反らしている。

急場だ。いよいよ盛り上がってきた。

●破：小競り合い
　妻は、問題が何かは決して口にはしない。なぜなら、妻の方から何かを言いだせば、夫は必ずそれを馬鹿にして、無視するだけだ。妻が何で不機嫌なのかわからないような夫なら、ひとつ屋根の下に妻と住む資格はない。

　　ここが駆け引き、踏ん張りどころ。

　夫の方からは、絶対にこれが困るとは言い出さない。がしかし、妻からガミガミ言われたり、ひどいことを妻に言うのは好まない。なぜなら、そんなことをすれば、自分が間違ってもいないのに、こっちから間違っていましたと謝っているようなものだ。妻にそんなふうに受け取られたらたまったもんじゃない。

　　ここが駆け引き、踏ん張りどころ。

　困るのはこれと言った方が負けなのだ。問題を口にした方が必ず負ける。
　オーストラリアでは、自分の考えが正当だなんて口にすることは、相手に爆弾を投げつけるようなものだ。そっちがそ

20 夫婦喧嘩に勝つ法

う言うならこっちだってこう言うぞとばかり、ああ言えばこう言う、こう言えばああ言うのなじり合いになること必定。

妻は、「あなたがここに友達を呼んで飲んだりすの、私は嫌い」なんて絶対に言わない。

夫は、「家の中が片づいてないから、友達を連れてこられないよ」なんて絶対に言わない。だが誰でも、一旦、文句を言われれば、火を見るより明らか、自分を忘れて文句を返す。そして今度は、それが相手の罵りの口火となる。

●急：チャンチャン　バラバラ　立ち回りの始まり

夫は、妻のやることがいちいち頭に来る。ヤツは俺をやっつけるために挑発しているのだ（と考える）。

妻は、夫は私に何か言わせて、私をやっつけようと思っているのだ。そうは問屋がおろさない（と考える）。

●とうとう

「そんなこと止めろ」と夫が怒鳴る。
「何を止めろと言うの？」妻は夫の方を見ない。
「アイロンかけなんか止めろ！」
「あんたはただぶらぶらしているだけでしょっ！」
「お前こそ座ったらどうだ！」

「あんたこそテレビを見てたら！」

妻は、夫が悪うございましたと認めてほしいが、何が悪いかは口に出しては言わない。それを口にしたら、こっちの負けだ。

夫は、妻が夫に間違っていることを無理じいしていることを認めさせたいが、そんなことは絶対に口にしない。妻の方が考えるべきことだ。

ここが駆け引き、踏ん張りどころ。

これで相手がぎゃふんと来なければ、今度は妻は、マーガレット・サッチャーのような激しい口調でまくしたてながら、アイロン台をバタバタ叩く。夫は、ジョン・ケネディのような押しつけがましい口調でまくしたてながら、テレビのチャンネルを、リモコンでカチカチ回す。両者とも、こうすることで、自分の気持ちを表現していると思い込んでいる。自分の罪など認めるものか。負けはそっちだ、と言っているつもりなのだ。

●**戦闘拡大だ**

夫は、タブロイド版の新聞のペイジを乱暴にめくってガサ

20 夫婦喧嘩に勝つ法

ガサとならす。

　妻は、アイロンをブラウスのボタンに力まかせに押しつけてカチカチとならす。

　妻の怒りの炎が爆発する。夫が何か言えば火に油を注ぐようなものだ。妻は夫の罵声に目を吊り上げ、唇を嚙み締め、アイロンを走らせていた手をほとんど止めて応える。

　夫は、感情を抑えなくっちゃ、ということはわかっている。が、これは簡単にはできない。遂には、怒りの虜になって、座っていた椅子を横に引く。読んでいたスポーツペイジをバサッと閉じてみせる。

「そんなこと止めろ！」

「何を止めろって言うの？」

　戦いは五分五分に見えるが、夫には、勝ち目があるとは思えない。これは困ったことだ。部屋から出て行って納めちゃおうか、と彼は思うが、なぜか、部屋に留まっている。まだ、何か言い足りないような気がするからだ。

「そんなこと止めろ！」

「何を止めろって言うの？」

　うかつに間違った動きを先にした方が負けだ。妻は夫をとことん無視する。どんなことがあっても、私の方から部屋を出て行くわけにはいかない、と妻は考える。そんなことをし

97

たら、悪いのは私だ、ということになってしまう。悪いのは絶対あっちなのだ。

「じゃ、すぐ友達に電話をするからね」と夫が言う。

妻は、聞こえない振りをする。

夫は、受話器を取り上げる。

●とうとう全面戦争

さてさて夫婦喧嘩は佳境に入る。チャンチャンバラバラ手がつけられない。犬も食わない見向きもしない。心か弱きヨーロッパ人なら、夫はここで白旗をあげる。ゴメンゴメンとギブアップ。戦線終結に着手する。

オーストラリア人は頑固者。そうは引く手を緩めない。

夫が電話をしてる間に、妻は、家具をエッチラオッチラ押し出して、只今居間の模様替え。これじゃ、もはや夫も電話は続けられない。そうだ車をちょっと見ておかないと。

夫は、外に飛び出して行く。妻は、夫の衣装室に飛んで行く。この野郎、彼奴には絶対思い知らせてやるから。夫は外に飛び出すと、よ～し、車をぶっ飛ばして、間違っているのは彼奴の方だと認めさせてやる。

妻は今度は自分の衣装室に飛んで行く。自分の衣服をかたっぱしから全部ぶん投げる。だって、ダイエットを今日から

始めたばかりの彼女には、今合う服などもういらない。もっと小さい服が欲しいだもん。

　夫は、賭け場にちょっと立ち寄って、ごひいきに20ドル賭ける。だって、夫は気分転換をすることにしたのだ。決着をつける前にもう一暴れしなくっちゃ。

　さて、夫は、夕食にありつこうと帰宅する。

　どっこい、妻は、辺り一面に衣服の山を築いて迎え撃つ。

　これじゃ妻がここであっさり退陣するわけがないのは火を見るより明らか。

　夫は、これを見たとたん、これはワナだと気がついた。しからば夕食が欲しいなどとはおくびにも出さない。つかつかと上がって行くと、テレビの前にどっかりと陣取る。持ち帰ったはずれ券を袋から取り出しては破り捨てる。

　妻は、すごいケンマクで、ホウキとゴミトリを持ってくる。床をはいつくばって、夫が破り捨てたはずれ券をこれ見よがしに拾う。

　夫は、これでは妻の方が勝ち、自分が負けたと感じる。夫は、テレビのチャンネルをガチャガチャ回す。どの番組もこの番組もくそおもしろくない。

　妻は、夫の方が上手だということは気にしながらも、フロ場に行って1時間もかけて掃除する。

夫は、自分が悪いことなど絶対に認めないことを妻に見せつけるために、ベッドに潜り込んで、ラジオのスイッチを入れ、聴者電話参加番組のボリュームを1杯にあげて聞く。居間のテレビもあいかわらずつけっ放しにして、こちらの音量も1杯だ。
　妻がテレビを消す。
　夫は戻ってきて、またテレビをつけて、ベッドに戻る。
　妻はまたテレビを消す。
　夫婦喧嘩は今や電気スイッチ合戦となる。

●ついに最終決着
　夫は、15分もこんなことをした後、ベッドから起き上がって、居間に戻り、ソファにどっかりと身体を投げ出し、午前2時までテレビを見るぞ、と決意をみなぎらせた態度だ。妻は、よーし、とことん洗濯してやるぞ、と心に決める。超大型の洗濯機を回して点数稼ぎをするつもり。同時にドライヤーも回す。夜の11時なのに、家の中はごうごうとものすごい音。家中の白い機械が動きだせば、オーストラリア流夫婦喧嘩は最高潮。ここで家中が真っ暗になる。電気の使い過ぎだ。

　沈黙。

ようやく2人とも安らかに眠る。どちらも傷つかず、弱点を暴かず、とにもかくにも、家の中は、静寂を取り戻した。

□オーストラリア流夫婦喧嘩心得の帖□

① 真の問題点＝勘に触ること、それを言ったらおしまいよ

　妻が、決して口に出して言わなかったことこそ真の問題点なのだ。それは、夫が3人の友達といい気になって調子を合わせているあの態度こそ、妻には我慢がならないのだ。なぜって、夫の友達は、3人ともみんな夫の先妻とも仲良しだったわけだし、それだけではない。自分のいないところで、きっと陰口を叩いているに違いないからだ。一方、夫が、決して口にしなかった真の問題点は、夫の子供時分からの友達を、妻が快く接待しないからだ。それなのに妻は、妻の両親が訪ねてきた時には、日ごろ、お前の夫は稼ぎが悪いといつも罵っているくせに、そんな両親を歓待してほしいと望むのだ。こういう妻の態度が許せないのだ。

② 相手の見栄は押さえて、非難すべからず

　妻は夫に、「あんたは友達にええ格好を見せるつもり

で驕り過ぎるから嫌い」などとは、絶対に言うべからず。夫は妻に、「お前は、俺の友達の前でレディぶりやがって気取り過ぎるぞ」などとは、絶対に言うべからず。

③ 世間では当たり前のことを、恥ずかしい、口にするな

夫が妻をここのところ半年も外に連れていってくれないとか、夫がセックスを望む時はいつも妻は拒否するとか。危ない危ない。こんなことは口に出して言いなさんな。

④ 連れ合いの性格、苦情は、喉まで出かかっても絶対にこぼすな

夫は、いつも疲れを口実に家事を手伝わない。妻は、あまりにも神経質に掃除をするので、家の中ではおならもできない。こんな苦情は、口が滑っても言うべからず。

21
ド根性

　ド根性（Gut　Feeling）は、オーストラリア人の性格の核をなす。

　ド根性こそこの世で最良の教師なのだ。何でもできるという自信を与えてくれる。ド根性があれば、誰と話す時でもびくともしない。ド根性のある人に言わせれば、「アルバート・アインシュタインがいくら頭が良くたって、僕から学ぶことがかなりあるよ」なんて平気で言う。オーストラリア人にとっては、ド根性の方が、データが一杯に詰まったコンピューターより遥かに貴重なのだ。

　間違いを犯すのは良くないことだが、ド根性でやってしまえば何事も平気だ。ド根性でやる限り、たとえそれが間違いでも許されるのである。

　「絶対にバレないと思ったのに」

　「あんた、何事にもそんなことばかり言っているじゃない」

　「いや、だけどこんどこそは、絶対大丈夫」

　理想的なオーストラリア人は、何事にもド根性を発揮する

人だ。ド根性はオーストラリア人にとって必要なものであり、大変貴重なものである。天才がひるむ時でも意気揚々と突き進み、何にも知らない人にも、何にも知らないものにも堂々と戦いを挑む力を与えてくれる。ブリキ缶2個、マッチ箱1個、ゴムバンド1本あれば、中性子爆弾が作れると言い出すのだ。

　ド根性とは、物事のマイナス面などは決して考えない気迫のこと。

　ド根性とは、何事にも疑問を持たず、「わかった」と言う勇気のこと。

　ド根性とは、彼女が来ないでと言う時にも押しかけるずうずうしさのこと。

　ド根性とは、他人が嫌がることを、何も調べもしないで平気でやってのける力のこと。

　ド根性とは、何事にも悠々とした態度を取らせてくれる力のことだ。

22
S&Mの勧め

　オーストラリアに来たらS&Mのやり方を少々学ぶ必要がある。S&Mはオーストラリア文化の一部をなしているからだ。どんなにまじめなオーストラリア人でも、多くは多少のマゾ・サドの気があって、互いに痛めつけ合うことを楽しんでいる。有名な連邦政府（カンベラ）の議員さんの中には、議会が開かれている間、S&Mの会を開くために、そのためのスタッフをわざわざ特別に雇っていると言われる議員がいるくらいだ。ある有名なオーストラリア人ビジネスマンは、あの退廃したロンドンにおいてすら、まったく新しいオーストラリア人風のやり方でピクピクと眉毛を吊り上げたりしているのだ。

　ガチガチの外国人には、オーストラリア人のS&Mの真意はとても理解が及ぶまい。どんなに威風堂々としたオーストラリア人でも、自信満々のオーストラリア人でも、みんな互いに嬲り合い、それでも威厳と体面を何とか保つ生活を楽し

んでいるのだ。どうしてこんなことができるか？　その理由は、オーストラリア人のＳ＆Ｍは、海外の伝統ある国のムチと棒を使ってやるＳ＆Ｍとは、やり方がまったく違うからだ。

フシダラなニューヨークや勝手放題のパリでは、Ｓ＆Ｍの実践者は、革紐やチェーンを使って互いに痛めつけて燃えるが、オーストラリアでは、使う道具は、言葉だけである。当てこすりであり、おべっかである。アメリカ人がクギを打ったベルトで25回も叩いて、「あなたの髪、すごい。私の髪もあなたと同じにチリヂリにして欲しいわ」と言うのと同じに、オーストラリア人も、「私もあなたとまったく同じにやって、やって」と言うのだ。こういう我が侭な言い方は、ムチで叩くのと同じ刺激がある。オーストラリア人は、言葉で痛めつけ合って、密かに悶えるのが好きなのだ。

「そう、髪の毛が伸びたので床屋に行く時機がきたわ。髪の先が割れてきたし。私は枝毛は嫌いなの。私の髪は先がチリヂリになってくるのよ。これを直すのにスプレイをすごくかけないとダメ。短く切ってもらえばいいのかもしれないけど。それとも多分、あと５mm程長い方が良かったかしら……」と早口でしゃべる。

気軽なイタリア人なら、「着ているシャツが似合うね」と

言われたら、「そりゃどうも」と礼を言っておけばそれでおしまいだ。ところが、オーストラリア人にはこんなことではすまない。事細かにあることないことを言う必要がある。

「そう、そうなんだ。僕はいつも似合うものを買う。似合うものと似合わないものはちゃんと見分けがつくよ。僕は行き当たりばったりに変なものを買ったりはしないよ。買う前にはいつもちゃんとよく検討するよ。合うかどうかも数着比べるために試着してみるよ。セールスマンの口車には絶対乗らない」なんてことを次々と言う。

「私もあなたとまったく同じものが欲しいの」とか「着ているシャツが似合うね」とか「いいパーティだったね」と言うのは、実はすでにもうＳ＆Ｍ状態に入っている。相手を自分より上に持ち上げて、すなわち、自分の方を卑下して、オーストラリア人の好きな平等の感覚で、自らを打ちのめして、痛めつけ、苦しむのが好きなのだ。見返りに、ある種の込み上げてくる喜びを得ることを期待して、悶え苦しんでいる、というわけだ。その結果、しゃべりだしたら10分はかかる。快感、快感。

「そう、僕はいつも人々に刺激を与えようと努力している。現代でも、おもしろいパーティをやろうと思えばできると思うよ。おもしろいパーティはだね、君、企画力だよ。知恵を

働かせることね。だからみなさん、全員、赤ワインを1本ずつ持ってきて下さいね」

 特に相手のことなんか気にしなければ、あるいは、人はみんな苦痛を求めているのだと考えれば、次のようにひどいことを言って、人を痛めつけるのは当然だということがうなずけると思う。

「あんたはおもしろい人をたくさん知っていますね」

 こんなことをいろいろと言われると、相手は、四苦八苦しながらも、つい無理をして、言わなくともいいくだらんことを、ぺらぺらとしゃべることになる。

「あんたが会った人は私の数いる友達の中のほんの数人ですよ。まあ、私の人柄の一端を示しているでしょうな。パーティごとに、別なタイプの人々を招待します。バーベキュの時は気楽な服装で来てくれる人。クリスマスの時季には、クリスマスの雰囲気を出してくれる人を呼ぶ。ヤドリギの小枝を持ってきてくれる人とか、サンタクロースの靴下を持ってきてくれる人とか。私は、快活な人が好きなんでねぇ」

 結局、オーストラリア人が、感極まって悶え苦しむのを見たければ、お世辞を一言だけ言ってやればよい。必ず感極まってぺらぺらとよくしゃべる。

「あんたの贈り物はいつも変わっているね」

22 S&Mの勧め

「そう、私は他の人が買わないような品物を捜し求めてあちらこちらいろんな店に行くの。高価なものはダメよ。実を言うと2、3ドルというところね。プラスチックのガラクタを詰めものにした手作りのコットンの袖当て。あれと同じようなものね。実用にもなるし、装飾にもなるわ」としゃべりだすから、「あんたの贈り物は本当に変わっているね」と、また、たたみかけておけば完璧だ。

「私はあげる人にぴったり合ったものをあげるようにしているの。ちょっと厄介だけど私はそうしたいの。他の人は日常そんな優しさを発揮するのを忘れているんじゃない。私は、もらうより多めにあげることが大切だと思うわ。とにかく私はそうするわけ。生まれつき人がいいのよね。他人から褒めてもらうのを期待してないわ。実際、私が他人に何したって誰からも褒められることなんかないけど、そんなのもう慣れっこになったわ。どうしてこんなことになっちまったかわからないけど、他の人は、何かやってもらっておきながら御礼をするのってきっと嫌いなのよね」とくる。

ただし、心優しい人、天性、同情心の厚い人、それとも人を痛めつけることにうんざりしている人には、オーストラリア人に、あることないことをぺらぺらとしゃべらせるために、

長々とお世辞を言うのは、もう御免だと言う場合もあろう。こういう場合には、おべっかのムチを浴びせるよりは、次のような手段をとる。

「私にもあなたにしたのと同じことをしてちょうだい」などとは言わない。

その代わり次のように言う。

「また芝刈り機が具合悪いのかい？」

「あんたはその機械がが好きなんでしょう？」

「ロータリーの耕耘機だと思えば悪くはないよ」

「ハ！　ハ！　そりゃそうだ」てなふうに。

オーストラリアには、お世辞に対して、「ありがとう」という簡単な礼で済ませる人はいない。こんな簡単な決まり文句ではシラケルからだ。

お世辞を誰かから言われたら、フランスでなら嬉しそうな顔をして"Merci"「メルシー」（ありがとう）と言うのが習慣だ。オーストラリアでは、嬉しそうな顔をして"Thanks"「ありがとう」と言うのは、テーブルで塩を取ってもらった時だけ。

22 S＆Mの勧め

23
3つのタブー

 トロブリアンド島（Trobriand Islands）では、男は自分と父親を絶対に比べてはならない。自分と父親が似ているはずがないからだ。まともな男なら絶対に自分と父親を比べない。そんなことをしたらマナー違反もいいところだ。ニューギニア（New Guinea）高地のアラペッシュ族（Arapesh）では、「このヤム芋あるいはタロ芋は腐っている」なんて言ったら大変なことになる。その村に戦争を仕掛けているも同然だ。絶対言ってはならない。とにかくメラネシア人（Melanesian）に向かって、彼らが大事にしているヤム芋にケチをつけたら、天寿をまっとうできるなんて思わないことだ。

 オーストラリアにも、南太平洋の島々と同じで、絶対にしてはならない禁じ手がある。オーストラリア人なら、子供の頃からうっかりそんなことをしたら痛い目にあって、身にしみて覚えている誰でも知っている掟だ。今でも次の3つのタブーは厳然として守られている。

1.「私があなたに何か気に障ることをした？」などと相手に尋ねるのは無礼千万

食事の席で「オナラした？」とかパーティの席で「今日、便通があった？」なんて聞く人はいない。同じことで、あなたをどうも避けているように思えるオーストラリア人の友人や同僚に向かって「私が何か気に障ることをしましたか？」なんて尋ねることは、重大なエチケット違反である。

あなたが何をして、あるいは何を言ったのでオーストラリア人が機嫌を損ねたかを尋ねるのは失礼というものだ。人はインポであれができないかどうか他人に聞くようなことは絶対にしない。と同様、自分が人に何か機嫌を損ねることをしたかどうかを相手に尋ねるなどということは、本当に気のきかない振る舞いというべきだ。

オーストラリア人の行動律によれば、「私はあなたに何か悪いことをしたように思います。何が悪かったか言ってください。私は直します。私のいけないところを率直に言ってください」などと聞くことは、トンでもない間抜けな話で、大馬鹿ヤロウだ。オーストラリア人で正気でマトモナ人なら、そんな気のきかないことは絶対に言わない。

２．仲たがいの修復に躍起になるのは無作法

イタリア人は、喧嘩した相手の所に飛んで来て、こんなふうに言うだろう。「こんな喧嘩状態のままじゃ気が狂っちゃうよ。生きた心地がしない。こんな生き地獄の思いをするよりは仲直りしようよ」こんな気弱だからイタリア人は戦争に負けるのだ。全然プライドというものを持ち合わせていない。そしてころっと態度を変えて言う。「僕がどんなに気にしているか君考えた？　僕らはもう二度と口をきかないと思っただけで、昨夜は一睡もできなかったんだ」

デンマーク人は、次のように考えるだけで眠れない夜を過ごすことになる。「明日、スベン（Sven）にばったり出会って、僕がとやかく言ったことに文句をつけてきたら、何と言い訳をしよう」

ドイツ人は、仲たがいでもしようものなら、直ぐに飛んで来て、大声で怒鳴り散らして、次のように言うのは請け合いだ。「よく聞けよ。俺はお前と友達でいたいのだ。だからちゃんと解決策を話し合おう」

オーストラリアでは、こういうことは絶対に起こらない。そんな面倒なことは絶対にする必要がない。オーストラリアでは、つまらん誤解による仲たがいの修復のために躍起になって苦労する必要がないよう、何年もかけて厳重な仲たがい

修復のタブーを作り上げてきた。つまり、何だか具合の悪そうなことがあっても、何１つまずいことはない振りをすることだ。ましてやそれで人が躍起になって動きだすようなことは絶対にしない。仲たがいするようなことがあっても、何事も無かったような知らん振りしているのが、良いマナーというものである。

3．思い違いだと言い訳をするのは最悪

　最も礼儀正しいやり方は、何も言わずにきっぱりと関係を断つことだ。何か具合の悪いことに気づいた時に、しきりに取り繕う努力をする人に対して、そんなことはしてはいけないという禁止事項が次々と作られている。なぜなら、いくら空気を入れ替えて雰囲気を改善しようと努力しても、事態はますます悪くなるだけだ、と誰でも考えるようになったからだ。礼儀正しい人は、何とか繕うようなことは決してしない。その代わりに次のように言う。

　「問題は凍結するに限る」

　「一旦口にした以上取り返しようがないよ」

　「何したって馬鹿に見えるだけだろう」

　オーストラリア人は頭がいい。困りごとを「問題」なんて言わずに、「全力をあげて取り組むもの」とか「感謝して存

在を受け止めるもの」などと上手い言い方も作り出した。
　「多分彼は口だけだよ」
　「そのうち立ち消えますよ」
　「私が気がつけばよかったんですが」
　「もう彼女は今度会う頃にはけろっと忘れていますよ」
　しかも、一般に言って、オーストラリア人は、礼儀正しく、よく気のつく人たちで、しかも物わかりの良いセンスを備えているので、傷つけたかなと思われる人には、2人の関係が取り返しのつかなくなるまで、決して近づかないし、会わないようにするのである。どんな困った問題でも、あの人は、思い遣りのあるいい人なんだ、ということが誰にもわかるような、実に上手い裏返しの表現で言うのである。
　「どんなに難しい人でも私は平気よ」
　「それは多分大した値打ちがないのよ」
　「20年も付き合っていれば人は変わるものよ」

　とにかく、オーストラリア人は、育ちが良ければ良いほど、他人の問題にはやたらと首を突っ込まないということを誇らしく思っている。オマケに、こりゃあどうも変になっちゃったという状況にはすぐに気づく性格を持っている。

23　3つのタブー

□これだけは心得ておこう、オーストラリア人と付き合う法□

　オーストラリアでは、誤解したり、何か関係がギクシャクしたら、それだけで、完全に関係を断つ、ということが起こりかねない。そんなわけで、そんなことにならないように、本当に見事なエチケットが開発されているのだ。次の4問に答えてみよう。あなたはオーストラリア人と付き合えるかな？

① 　周りの人の振る舞いがなぜか変に感じられた時、あなたは原因を究明しますか？（自分がきっと他人を侮辱したのだと心の中で考えるだけにしておくこと。態度に表すべからず。）

② 　自分が何と言ったので相手が怒っているか、あなたははっきりさせようと思いますか？（そういう時は、ははーん、自分がああ言ったので、相手は怒っているのだな、と心の中で推測するだけにしておくこと。直接、尋ねるべからず。）

③ 　周りの人との関係が変になりだしたら、あなたは雰囲気を変えて、関係改善を努力しますか？（友達との関係が悪くなったら、6カ月から6年間は口をきかずに、いつのまにか解消するのを待つのが、オーストラリア人の習慣である。親友はこの期間がもう少し短く

117

なる。)
④　あなたは友達とマズクなった後、どうしますか？(本当の友達なら通常は5年くらいホトボリがさめるのを待っている。そして、ある日、2人とも、キング・ストリートの街角でバッタリ出会う。ヤアヤアとか言って、以前別れた辺りで待ち合わせ、それから昔と同じように相変わらず渋い付き合いを続けるのである。)

24
連帯感について

　シンガポールやスイスでは、「連帯感がある」というと、グループのみんなが積極的に仕事に取り組む雰囲気を言う。オーストラリアでは、「連帯感がある」という時は、グループのみんなが仕事のことは気にせず、それぞれが勝手、勝手に気ままにやれる雰囲気を作っている状態だ。オーストラリアでは、「連帯感を持つこと」は、目標を達成するための手段ではない。連帯感は、それ自体があらゆる活動の最終目標である。「連帯感があること」は、どのグループにとっても、組織にとっても、集団にとっても、必ず実現したい目標である。オーストラリアでは、「みんなが連帯感を持てること」を一番大切にする。だから、オーストラリアでは、「連帯感のある状態」とはどんなものかを理解しておくことが大切だ。

　オーストラリアでは、「仕事場に連帯感がある」という場合、通常、他の人の仕事の進み具合を気にしたり、競争心を煽るような雰囲気はまったくない。誰もが思い思いに気まま

に仕事ができる雰囲気だ。

「スポーツクラブに連帯感がある」という場合、それぞれの選手がそれなりにクラブの活動を楽しんでいる状態で、チームがビリから2番になろうとも、誰も全然気にしない雰囲気である。

「あの映画の撮影はすばらしかったけど、セットは連帯感がひどかった」という意味は、撮影の時は、本当に気楽な雰囲気で仕事ができたのに、映画のセットについては誰も気楽に意見が言わせてもらえなかったということだ。

「あのレストランには連帯感がある」という場合、そこでは、支配人も従業員も「悪いのはいつもお客の方さ」と口を揃えて言うばかりで、互いによろしくやっている雰囲気だ。

オーストラリアで「連帯感」とは、仕事場や事業場で、従業員がこれこれの仕事をみんなでやりとげようなどとは仲間に強要しない雰囲気のことである。「連帯感がなくっちゃ」などと言って、みんなを頑張らせようとは誰も思わない。もっと生産性の向上を図ろうとか、頑張って苦難を乗り切ろうなんて、無理なことは絶対に言わない雰囲気のことである。

25
「こうしろ」「ああしてはダメ」と言うこと

　オーストラリア人は、人に愛情や気遣いを示す表現は、些細なことであろうと、失望の極みにある時でも、いつでも必ず、「こうしろ」(should)、「ああしてはダメ」(shouldn't)と言う。

　ポーランド人ならこんな時には仲間と一緒にもらい泣きをして同情心を示す。中国人は山盛りの御馳走を出す。フランス人は、ベッドを共にする。だが、オーストラリア人は、うちひしがれている人に、やれ「こうしろ」、やれ「ああしてはダメ」と命じるのである。

　「こうしろ」「ああしてはダメ」は、オーストラリア人の会話表現としては、最大の愛情表現であり、最大の同情心の表現でもある。オーストラリアでは、失意のどん底にいる人を慰めようとしたら、必ず、「嘆いちゃダメ」とか「ああしろよ」とか言うものである。

　「怒っちゃダメ。彼のこと考えるのはもうよしなよ。彼にそんなことさせてはダメ。泣くのはオヨシって。彼なんかと

付き合うのはヤメロって」

　このやり方は、オーストラリアの社会ではどこでも通じるルールだ。どんな些細なことでもオーストラリア人がものを言うと必ず道徳家ぶった物言いをするのである。

「トムには本当に頭に来たわ」

「怒っちゃダメ」

「彼は私の人生をメチャクチャにしたのよ」

「彼と関わり合っちゃダメ」

「もう別れようと思っているの」

「そんなに想いつめちゃダメ」

　相手が困っている時には、相手に「こうしろ」「ああしてはダメ」と言う機会を与えないといけない。こうするのが相手に対する礼儀というもの。こういう機会を相手に与えない人は相手から必ず嫌われる。

　また、他人が君に「こうしろ」と言ったら、その人は、君を理解し愛情を感じ、同情しているのだということを理解しなければならない。これが大切なことなのだ。嘆いている人に向かって、「どうしたの？　話してごらん」なんて言おうものなら、オーストラリアでは大間抜けと思われる。自分の

25 「こうしろ」「ああしてはダメ」と言うこと

体験談をするというのも、オーストラリアでは、相手に同情心を示したことにはならない。こんなことをしたら、相手は、人をばかにしている、と思うからだ。

オーストラリアで人を励ますには、道徳家ぶった物言いが一番である。
「俺もこれでおしまいだ」
「もっと気楽にすべきだ」
「もう死にたいよ」
「もっとずうずうしくしなくっちゃいかん」
「極楽に行きたいよ」
「ガイドブックを手に入れるんだな」
「極楽行きのガイドブックなんか発刊されてないよ」
「そんなら値引きしてもらうべきだ」
「命の方が縮むよ」
「じゃ払い戻してもらいなさい」

こんな時、友達がかえって滅入っちゃう、などと気にしてはダメ。そんなことより自分が相手のことをどんなに気遣っているかを相手にしっかりと知らせることだ。

26
ボスになる条件

　オーストラリアでボスになるには、次の7つの条件を満たさなければならない。

1．ボスとは、必要最小限度のことしかしない人である。家族にも可能な限り手を抜く。とにかく、ボスは立派になればなるほど、他人には何もしない。要するに、何かをすればするほど彼奴は駄目な奴だと言われるのだ。

2．ボスは、なかなか気難しがりやを意味するが、その実は単純で頑固なだけである。

3．ボスは、他人の言うことは絶対に聞かない。誰が何と言っても「ダメ」と拒否する。これがボスなのだ。「ダメダメ、絶対ダメ」あんたがボスだとして、「ダメ」と言わせない方法があるかって？　「そんなものあるわけない」

26 ボスになる条件

4．他人のことを気にするようではボスとは言えない。ボスが気にするのはただ1つ競馬でどの馬に賭けるかだけである。(オーストラリアではみんな競馬が大好きなのだ)

5．ボスたるものああだこうだと喧嘩はしない。喧嘩をしたら負けるからだ。ボスたるもの絶対に負けるわけにはいかないのだ。ボスは喧嘩をしないのだから決して勝つこともない。が、それでよいのだ。だってもう端からボスになっているんだから。

6．ものを考えるような奴は絶対にボスとは言えない。

7．オーストラリアでは、男女平等だから、男も女もボスになれる。

How to be macho

27
カッコイイ奴とは

　ロシアでは、しばらく前まで、弾圧や物不足のことをありのままに話すと、日和見主義だと非難されたものだ。アメリカでは、生意気だとか、言うことが気に入らない時は、他の者から何の証拠もないのに、「君は赤だ」呼ばわりされて、やっつけられたものだ。中国では、周囲と足並みを揃えないとか、率直な物言いをするだけで、決まって「裏切り者」呼ばわりされたものだ。

　オーストラリアでは、連れ合いから「あんたはダサイね」（You're being nagative.）と言われたら、もうこれは口答えのできない非難である。

　「ダサイね」と言われることは、中世で言えば「邪教徒だ」と言われたのと同じだ。「たとえ、あんたの恋人があんたを火あぶりにしなくとも、いずれは地獄の炎に焼かれるさ」というわけである。

　オーストラリア人が「そんなにダサクちゃダメ」(Don't be

negative.）という本当の意味は、「現実的なことは言わないで。本当は、本当は、と言い訳なんか聞きたくないわ」と言っているのだ。

　オーストラリア人が「カッコイイ」（Be positive.）と言う本当の意味は、「私は夢や計画の話が好き。夢の世界に遊びたいわ」と言っているのだ。

　オーストラリアでは、現実的な話はダサイ（"negative"）ので、現実的な話をすると本当に嫌われる。実際にでっかい夢が考えつかなくて、それでも、カッコイイ人だと思われたいなら、非現実的、非実質的な夢物語を何とか作り出すべきなのだ。

　「カッコイイあなたが大好き」（I like it when you're positive.）の意味は、「私の言うことを何でも聞いて夢のような気分にしてくれるあなたが大好き」という意味だ。

　「ダサイあなたは嫌い」（I hate it when you're nagative.）の意味は、「私の性格をとやかく言うあなたが嫌い」とか「現実の私の性格や経済状況を話題にするあなたが嫌い」という意味だ。

　相手に本当に気に入られるためには、相手がとっても達成できない目標を要求してくるから、こっちとしては、ますま

す夢のような計画に取り組んでいる振りをしなければならないのだ。例えば、「来年、歯医者になるのは止めにした。Ｆ１のレーサーになるか、ぶどう作りを始めて、シャルドニュー・ワイン賞を絶対に取ってやる」などと言うべし。「でも、あんた自動車の免許証すら持ってないのとちがう？ アルコールアレルギーじゃなかった？」なんて言うのはダメ。良い言い方は、「そりゃすごい。ナイジェル・マンセルのビデオテープをすぐ買いなさいよ。ワイン生産者協会新聞をすぐ定期購読すべし」と言うこと。

　こんな時、周りの人が、あなたが言っている話を止めさせようとか、話題を換えさせようとして、変な顔したり、目配せしたり、苦しそうに顔を歪めて見せたり、小声で、「それ、ちょっとカッコワルイとちがう？」とか「あんたはどうしてそんなにダサイの？」と言っている時は、あなたは場違いな頓馬な話をしているのだと思われていることも知らないといけない。当然、通常は、ぐるっと向き直って、怒ったように相手を睨んで、すぐ言い返すべし。「いや、僕は正気だよ」

　しかし、不幸にしてこういうやり方は、ギオルダーノ・ブルーノ（Giordano Bruno）とかガリレオ・ガレリー（Galileo

Galilei) のような人たちが、異端を批判された時に、いくら否定しても、上手くいかなかった歴史が証明しているように、このような対応は間違っているのだ。

「いや、私は間違ってない」

「フン、異端者はいつもそう言うもんだ」

「じゃ、どうすればいいんだ？」

「白状することだ。そうすれば、教練所に送ってやる」

このように批判されて自己弁護するタイプはいつでもただ１つ。「俺は絶対間違っていない。俺こそ本当のことを言っているのだ」と言い張る。その場では、とにかく君は勝てるかもしれない。相手は呆れて退却を余儀なくされるから。

しかし、一方、もっと格好をつけて君が100パーセント勝ちたいと思うと、どうしても無理して根も葉もない作り話を言わざるを得なくなる。例えば、相手に「君は、ゴミ出しなんかただの一遍だって、したことないじゃないか」と言う。相手は開き直って、「そんなサエナイ話はよしてよ」(Stop being negative.) とくる。それは、君が事実を相手に言ったからサエナイのだ。こういう場合、カッコイイやり方は、「君は、ロボットでも作って、一杯になった台所のゴミカンは、そのロボットに捨てさせたらどう」と言うべきなのだ。こう

言えば、台所のゴミは相変わらず山積みになっていても、少なくとも、君は、相手から、なんてカッコイイ人（positive person）なんだろうと思われることになる。

　友達に対しても、恋人に対しても、カッコイイ対応の仕方を練習しておくべきだ。こんなふうに言う人もいよう。
　「身長160センチで75キロはちょっとあり過ぎはわかっているさ。ちゃんと減らせるダイエットの方法があれば、来週にも、適正体重の55キロにしてみせるけど」
　ここで、もし、君が、「不治の病ならいざ知らず、1週間で20キロも体重を減らすことは無茶だ」とか、事実に基づいた他のことを言おうものなら、君は、みんなから、本当にダサイ奴（negative　person）と思われること、請け合いである。
　だから、みんなから絶対に非難されないカッコイイ言い方を、お教えしよう。
　「25キロ毎日歩くんだね。本当にやれば、1週間後には45キロに絶対なれるよ。オマケにスゴイ奴と評判もとれること間違いナシだ」

□オーストラリア社会に馴染む早やわかり3点□

　オーストラリアで、カッコイイ（positive）、ダサイ（negative）とはどういうことか、がわかれば、オーストラリアの階級のない社会のどこにでもスムースに馴染むことができるものだ。整理してみよう。

① あなたの恋人があなたのことをダサイと言ったら、それは、あなた自身がダサイのではなくて、相手の弱点を突くような聞きたくないことを言わないでくれと言っていることだ。

② あなたがダサイと言われた時は、相手は、反対にもっとカッコイイ言い方を要求しているのだ。すなわち、ずけずけ本当のことは言わないで、もうちょっとお上手を言ってよ、ということだ。

③ 相手が、「もっとカッコヨクしてよ」(I'd like you to be positive.)と言っている時は、「現実的な話はしないで、それとも、根も葉もないお上手を言って、あるいはその両方の言い方をしてよ」と要求しているのだ。

28
オーストラリア人のクライマックス分析

　オーストラリア人の恋人たちの間には、クライマックス分析というものが普及している。恋人たちは、コトを済ませた後に、決まって次のように聞くのだ。ベアンズデール（Bairnsdale）からブルーム（Broome）に至るまで、これはまったく同じだ。特に、片方が寝てしまおうとしたりすると、始まる。

　「ねえ、私と同じくらい気持ち良かった？」
　　　　　　　(Was it as good for you as it was for me?)
　「うん」(Mmmm.)
　「すごかった？」(Was it fantastic?)
　「うん」(Mmmm.)
　「本当に、本当に、すごかった？」
　　　　　　　(Was it really, really fantastic?)
　「うん」(Mmmm.)
　「どうして？」(Why?)
　この最後の「どうして？」に答えないと大変なことになる。

この質問にすぐ答えなかったために関係がダメになった恋人の例は数知れない。

「僕はすぐ感じるから」(Because I'm easy to please.)
クライマックス分析とは、どのくらい気持ち良かったか、どうやったら気持ち良くなれたか、今度どうすれば気持ち良くなれると思うか、次々と質問攻めにすることだ。

「どんな感じ？」(How do you feel?)

「良かったよ」(Good, I suppose.)

「本当に良かった？」(Really good?)

「うん、良かったよ」(Yes, I suppose.)

「この前より良かった？」(Better than last time?)

「この前って、誰と？」(Last time with who?)

女がこれを言いだすと、男は怖がる。なぜなら、女は言質を取ろうとするからだ。2年以上も前のことまで聞き出す気だ。オーストラリア男のDNAには、これを乗り切れる能力はない。

一方、男がこれを言いだすと、女は怖がる。なぜなら、男は自分の性能力を確認しようとするからだ。オーストラリア女の遺伝子には、これにお上手を言える能力はない。

恋人たちは、甘ったるい優しい声にぶるぶるっと震えだす。

いよいよ凄惨なやり取りが始まる。

「どんな感じ？」(What do you feel?)

「眠い」(Sleepy.)

「本当はどんな感じ？」(But what do you really feel?)

「本当に眠いんだよ」(I feel really sleepy.)

「ねえっ、本当に、本当に、本当に良かった？」
　　　　　(I mean really, really, really feel?)

ここまで来ると、仕方なさそうに座りなおして、哀れみっぽい声で、次のように言う。

「わかったよ。言うよ。左手が少ししびれちゃったよ。自分の身体を載せてたものだから。右肩がこんなになっちゃったよ。ベッドのポールがぎゅっと押し付けられてたもんだから。足の親指にこぶができちゃったよ。シーツに絡まってひっかかっちゃったから。それに右目が痒いよ。枕か君の眼鏡がぶつかったんだ」

しかしもちろん、これじゃ許されない。

クライマックス分析は、姿を変えていろいろな形で迫ってくるので危険極まりない。

よく相手を観察すべし。用心すべし。敬意を払うべし。礼儀正しくあるべし。個性的であるべし。とにかく市井のクライマックス分析者は、そろいもそろって、みんなシツッコク、

And so good night...

28 オーストラリア人のクライマックス分析

夜明けまで君を寝かしてくれないこと間違いなし。

　情け深い恋人曰く、「行った？」(Did you come?)

　心配性の恋人曰く、「良かった？」(Was it good?)

　精神分析癖のある恋人曰く、「何考えていたの？」

　　　　　(What were you thinking?)

　嫉妬深い恋人曰く、「ジョージって誰？」

　　　　　(Who is George?)

　優しい恋人曰く、「あなたって最高！」

　　　　　(You're one of the best.)

　報告好きの恋人曰く、「今週では一番良かったわ！」

　　　　　(Best one all week.)

　こういうクライマックス分析から逃れる最良の方法は、相手をはぐらかすに限る。次のように、二の句が継げない言葉を返してやることだ。

　「玄関のドアの鍵かけた？」

　　　　　(I wonder if I locked the front door?)

　「帰りに途中でガソリンを入れるの、忘れないようにしなくっちゃ」　　(Mustn't forget to fill up on the way home.)

　「財布にお金あったかな？」

　　　(Whatever happened to my old battered briefcase?)

■著者紹介

ロバート・トレボーラング（Robert Treborlang）
1941年パレスチナ生まれ。父はドイツ語を話すユダヤ系。母はハンガリー・ルーマニア系。1946－60年、ルーマニアで生活。1960－61年、パリ経由で両親と2年がかりで、オーストラリアに移住。その後、シドニー大で、オーストラリア、オーストラリア人の研究。間もなく中国系美人 Moi Moi と運命の出会い、結婚。以後、オーストラリア人に関する本 *How to Survive Australia, How to Make it Big in Australia, How to be Normal in Australia* など、次々にベストセラーを発表。出版数14冊を数える。最近、2000年のシドニーオリンピックに集う外国人を意識したオーストラリアの紹介本 *Australian Zen* (1999)、*Only in Australia* (1999) を発刊。評判、間違いなし。

■訳者紹介

柏瀬　省五（かしわせ・しょうご）
1943年栃木県足利市生まれ。東京学芸大学大学院修了。岡山大学名誉教授。同大学教養部英語教官在職中の1989－90年、文部省在外研究員として、オーストラリア、シドニー大学、マッコーリー大学で研修。在豪中、シドニーで著者ロバート・トレボーラング氏と遭遇。以後著者を日本に紹介。既に *How to Make it Big in Australia*『オーストラリア式大成功法』（潮文社）、*How to be Normal in Australia*『オーストラリア人の常識』（大学教育出版）を日本語訳。この他、オーストラリア英語、オーストラリア文化に関する論文多数。現在、宇都宮大学国際学部国際文化学科教授。

オーストラリア人の恋愛術

2000年4月30日　初版第1刷発行

- ■著　者──── R・トレボーラング
- ■訳　者──── 柏瀬　省五
- ■発行者──── 佐藤　正男
- ■発行所──── 株式会社 **大学教育出版**
  〒700-0951 岡山市田中124-101
  電　話 (086)244-1268㈹　FAX (086)246-0294
- ■印刷所──── サンコー印刷㈱
- ■製本所──── 日宝綜合製本㈱
- ■装　丁──── ティー・ボーンデザイン事務所

ⒸRobert Treborlang 2000, Printed in Japan
検印省略　　　落丁・乱丁本はお取り替えいたします。
無断で本書の一部または全部の複写・複製を禁じます。

ISBN4-88730-390-4

増刷出来

オーストラリア人の常識

著—R・トレボーラング
訳—柏瀬　省五
　　宇都宮大学

人類の将来と地球の環境問題には人一倍気を使い，いつでも地球全体の行く末を案じている人達について，ユーモアあふれる文で愉快に語る著者のベストセラーの１冊。
本書は，オーストラリアで発売された時，自分自身を見事に言い当てられたオーストラリア人が，抱腹絶倒，涙を流して感激したという見掛けは軽いが中身は実に濃いオーストラリア人論である。

ISBN4-88730-395-5　　　　四六判　144頁　本体1500円